DELÍRIO
DO
PODER

DELÍRIO DO PODER

MARCIA TIBURI

PSICOPODER E LOUCURA COLETIVA NA ERA DA DESINFORMAÇÃO

1ª EDIÇÃO

EDITORA RECORD
RIO DE JANEIRO • SÃO PAULO
2019

CIP-BRASIL. CATALOGAÇÃO NA PUBLICAÇÃO
SINDICATO NACIONAL DOS EDITORES DE LIVROS, RJ

T431d

Tiburi, Marcia, 1970-
Delírio do poder: psicopoder e loucura coletiva na era da desinformação/ Marcia Tiburi. – 1ª ed. – Rio de Janeiro: Record, 2019.
252 p.; 23 cm.

Inclui bibliografia
ISBN: 978-85-01-11651-2

1. Poder (Ciências sociais) – Brasil. 2. Brasil – Condições econômicas. 3. Brasil – Condições sociais. 4. Ciência política – Filosofia. I. Título.

19-55092

CDD: 320.981
CDU: 3 ?(81)

Meri Gleice Rodrigues de Souza – Bibliotecária – CRB-7/6439

Copyright © Marcia Tiburi, 2019

Todos os direitos reservados. É proibido reproduzir, armazenar ou transmitir partes deste livro, através de quaisquer meios, sem prévia autorização por escrito.

Texto revisado segundo o novo Acordo Ortográfico da Língua Portuguesa.

Direitos desta edição adquiridos pela
EDITORA RECORD LTDA.
Rua Argentina, 171 – Rio de Janeiro, RJ – 20921-380 – Tel.: (21) 2585-2000.

Impresso no Brasil

ISBN 978-85-01-11651-2

Seja um leitor preferencial Record.
Cadastre-se no site www.record.com.br
e receba informações sobre nossos
lançamentos e nossas promoções.

Atendimento e venda direta ao leitor:
sac@record.com.br.

Para Lula, presidente e preso político.

Em memória de Marielle Franco, vereadora, companheira de lutas, brutalmente assassinada em 14 de março de 2018, aos 38 anos.

"A pequena burguesia ainda se arrepiava, imaginando os perigos de que se livrara em noite de bombardeio e sangueira, e os vencedores lhe surgiam como heróis a monopolizar a gratidão nacional."

Graciliano Ramos, *Memórias do cárcere*

Sumário

Apresentação, Luiz Inácio Lula da Silva	15
Prólogo	17
1. O poder é uma doença	23
2. Delírio: uma definição	26
3. Hitler	30
4. Delírio administrado	33
5. Robôs	36
6. O bem que o outro nos faz	39
7. Teorias delirantes na era da pós-verdade	42
8. Guerra psíquica de todos contra todos	46
9. Delírio como ideologia	49
10. Delírio das massas e escravização digital	53

11. Ideologia e cálculo do poder sobre a linguagem	57
12. A urgência dos pensamentos razoáveis	61
13. A força do delírio	63
14. O delírio de poder e a fuga do sofrimento	66
15. Incomunicabilidade	70
16. Entre virtudes e vícios	72
17. Alienistas e alienados	75
18. Ser ou não ser: o desafio da política	78
19. A intrusa	81
20. As mulheres sempre se justificam	84
21. Falta de poesia e outros clamores	87
22. Sem pecado nem culpa, um experimento radical	91
23. Da teatralidade impossível à canastrice	94
24. Experimentabilidade e disponibilidade	99
25. Dissimulação e cinismo consensual	101
26. Assédio audiovisual — a câmera como arma	104
27. Rio de Janeiro	107
28. O coronel e sua síndrome	109
29. A lógica do assalto e as milícias midiáticas	112
30. Criminalização da lógica	117
31. O capitalismo e o roubo	119

32. O fracasso — 121

33. Eleger — 125

34. Confusão mental política — 128

35. Votar — 130

36. União das esquerdas — 134

37. A inevitável vida comum — 137

38. Estamos fugindo de nossos caçadores — 140

39. O *stalker*, caçador digital — 142

40. Sob condições digitais — 145

41. Política espectral — 147

42. Fogueiras das vaidades digitais — 150

43. *Invidia penis* — 152

44. *Bullying* — 154

45. Chantagem — 157

46. A consciência que nos une — 161

47. Autoconsciência — 166

48. Um silêncio chamado política — 169

49. A menina que vai à escola três vezes por semana — 171

50. Aprisionada — 174

51. O menino e o carrinho sem pilhas — 176

52. As mães, meninas — 178

53. Fazer o que deve ser feito até o fim   182

54. Os pastores   185

55. Jesus   188

56. Indisponibilidade   190

57. Uma mentira palatável   192

58. O sonho com os morcegos   195

59. Mimetismo político: a camuflagem da vítima em potencial   200

60. Vergonha, novos-ricos e nova política   202

61. A política que há de vir   205

62. Funções   208

63. A parte podre da política   211

64. Veneno   213

65. O puxa-saco ou o sadomasoquista   215

66. Coragem   218

67. Totem e tabu   220

68. Torpor mental e emocional   224

69. Vingança   226

70. Hipnose coletiva: o mal radical   228

71. Debates   230

72. Inacreditabilidade   233

73. Ética   235

74.	Linguagem é poder e poder é linguagem	237
75.	Corrupção e estratégias do terrorismo imbecilizatório	240
76.	Lula, Dilma e eu na prisão	242
77.	Livros para colorir	245

Notas e referências bibliográficas 249

Apresentação

Luiz Inácio Lula da Silva

À Marcia Tiburi não falta coragem. Nas suas opiniões, ideias e atitudes, ela não tem medo de arriscar, de dizer o que pensa e sente, de correr o risco de desagradar. Ela não vai se calar diante de uma injustiça ou para manter um espaço em um canal de TV. Nunca vai abdicar da sua voz e das suas reflexões. Vai dizer e escrever o que pensa. O leitor pode ter certeza disso.

Conheci a Marcia pela sua ousadia nas análises, nas opiniões, nos livros e na vida. No ano passado, ela foi destemida ao ir além de analisar e escrever sobre o cenário político para participar das disputas eleitorais, algo que pouca gente tem coragem de fazer.

A política é, ao mesmo tempo, a atividade mais exigida pela sociedade e a mais criticada. As pessoas exigem mais de um político do que, muitas vezes, de si mesmas. E não importa quem seja: na democracia, o político tem que sair na rua para pedir voto, no sol ou na chuva, dando satisfação a quem depositou sua confiança nele.

A política é cheia de falhas porque é humana. Mas, quando se nega a política, o que vem depois é sempre pior — e estamos vendo isso atualmente no Brasil.

Em um momento muito difícil do país, e em especial do estado do Rio de Janeiro, Marcia teve a coragem de assumir o desafio de ser candidata, se propôs a cuidar da população, a conversar e a entender os problemas e as aflições do povo.

Eu sei que uma experiência dessas é transformadora, e teve fortes efeitos nas suas reflexões sobre o momento atual. Isso torna este livro ainda mais interessante, pois une a cultura e a teoria que a Marcia conhece à experiência prática que adquiriu no desafio das ruas, da imprensa, das mídias sociais, ao debater política no mundo de hoje.

Este livro é reflexo da sua valentia de pensar e agir livremente — liberdade tão essencial ao ser humano. Porque podem prender nosso corpo, mas é a coragem e o pensamento que nos fazem livres, e não prisioneiros.

Prólogo

Escrevo desejando que este livro seja útil ao presente e às próximas gerações. Que seja o testemunho de um tempo em que, como sociedade, não soubemos valorizar suficientemente a democracia.

A desvalorização da democracia é própria ao menosprezo da vida política. O rebaixamento da política, por sua vez, nasce de uma necessidade interna ao sistema chamado de capitalista, que se caracteriza pelo sequestro da economia. Refiro-me à economia na mão de poucos, a serviço de elites e suas corporações e contra a grande maioria, composta daqueles que trabalham para os primeiros e dos que são simplesmente descartados pelo sistema, já que são inúteis para ele. Esse sistema se sustenta sobre a ignorância quanto aos aspectos políticos da economia e aos aspectos econômicos da política. Sustenta-se, sobretudo, na ignorância da maior parte da população quanto aos jogos de poder econômico nos quais vidas humanas são meras peças, como são as vidas simplesmente vivas, a vida dos animais em geral. Sua forma contemporânea, o neoliberalismo, é a prova de que, para garantir o sequestro da economia, é preciso espoliar as pessoas também da sua capacidade de pensar e do seu desejo, assim como de seus sentimentos e emoções. Há um regime afetivo em ação no capitalismo, e ele depende do ódio, do medo, da inveja e de todos os afetos negativos que separam as pessoas, fazendo com que aceitem viver em uma guerra de todos contra todos, indóceis em relação ao próximo, dóceis em relação aos poderosos e ao sistema.

A política, tanto quanto a economia, é um saber acerca das relações de poder. Ou você está jogando, ou estão jogando — com você na forma de "morto" —, às vezes as duas coisas ao mesmo tempo. Se todos souberem sobre essas relações, como elas funcionam, o que elas permitem, o que impedem, o que promovem, o que constroem, o que destroem, talvez queiram participar desses jogos com mais consciência; mas é possível também que se recusem a participar. Conhecidos, esses jogos deixariam de ser jogados por quem deseja e sabe usá-los em benefício próprio. Digo isso pensando que a economia deveria servir a todos, promover a vida em geral, facilitar a existência de todos para além dos fins egoístas dos que se apossam dos meios de produção e das formas do capital. Caso se pautasse por parâmetros éticos, a economia alcançaria esse ideal. Nesse sentido, a tarefa da política, que devemos construir de acordo com parâmetros éticos e direitos fundamentais, é também devolver a economia ao povo, assim como sua capacidade de pensar por conta própria. Filosofia, arte e ciência, direito e diálogo são fundamentais nesse processo.

Este livro trata de uma luta política em um terreno tomado pelo poder econômico, pela má-fé e suas práticas sem limites. Luta é uma palavra que, em qualquer instância da vida, implica a possibilidade de vitória ou derrota, de vida ou morte. Não há como uma luta verdadeira não implicar a possibilidade de grandes e profundas transformações e o inevitável ódio das elites e dos que ocupam o lugar de "donos do poder". Lutam os que se compadecem, os que se indignam, mas, sobretudo, os que não temem a morte porque as condições reais da vida, sejam elas subjetivas ou objetivas, parecem muitas vezes piores do que a própria morte.

Quando falamos de política e Rio de Janeiro, a questão da morte se torna ainda mais direta. Dedico este livro à grande lutadora que pagou com a própria vida por ter sido a heroína que foi, lutando contra o poder econômico em uma de suas formas mais destrutivas e fatais, aquela que se esconde por trás da indústria da segurança na forma de milícias e outros poderes obscuros. Os garotos-propaganda da indústria armamentista estão eleitos e rasgam placas com seu nome. Em eventos públicos.

O assassinato de Marielle Franco é um divisor de águas na história da cidade do Rio de Janeiro, do Brasil, da nova esquerda, das lutas políticas como um todo. Seu assassinato orquestrado e produzido tem, além de tudo, um inegável caráter misógino e racista. *Se fosse possível reverter o tempo e trazer de volta Marielle Franco* é um pensamento que às vezes me vem à mente e denota a angústia própria à vida que continua após seu assassinato. Uma continuação carregada de muito sofrimento. Que estejamos lançados em uma espécie de pesadelo é algo sobre o que não podemos deixar de pensar neste momento difícil de trabalho de luto por um projeto de país que, no entanto, precisamos retomar. Continuaremos lutando também por justiça para Marielle, embora não haja justiça para os mortos, como disse o filósofo alemão que se suicidou em 1940 ao fugir dos nazistas.

Este livro não existiria sem a experiência de minha candidatura ao governo do estado do Rio de Janeiro no turbulento ano de 2018, quando foram eleitos vários representantes de ideias e posturas que em tudo podem ser denominadas fascistas em função do monstruoso ódio ao outro que manifestam — ainda que não sejam nacionalistas como os fascistas clássicos e, na verdade, como fascistas tropicais e coloniais, sejam bem subservientes aos poderes mundiais. Foram eleitos, para o governo federal e para governos estaduais, para o Congresso e para as assembleias legislativas dos estados, personagens que apavoram pela capacidade de expressar violência, e o mais estranho é que tenham sido amplamente votados por uma população que de fato não sabe o que faz. E não tem como saber o que faz.

Nesse contexto, concorrendo ao cargo de governadora, vivi diversas situações difíceis e complexas, outras bonitas e inesquecíveis. De qualquer modo, foi uma experiência sobre a qual me é obrigatório refletir. Assim como é inevitável o testemunho exposto na narrativa que atravessa este texto. Em contextos de jogos de poder complexos, quando uma pessoa qualquer se candidata, se essa pessoa é alheia aos jogos, sempre pode acabar sendo vista como uma intrusa no campo da política, desde que a política foi rebaixada a um negócio e, como tal, está previamente dominada por gente que age como esperta. A maior parte dos políticos vê a política como um negócio. Como o negócio de sua vida cheia de negócios.

A vida política, como qualquer espaço que envolva o poder, tem seus posseiros e alguns coronéis que se consideram proprietários naturais desses espaços. Entre os poderosos e seus filhos e entre políticos carreiristas preocupados apenas com seus poderes partidários e seus lugares narcísicos, estamos nós, pessoas comuns que queremos um mundo melhor e sabemos que as instituições são fundamentais na construção e sustentação de uma sociedade justa para todos.

Quando uma pessoa com características tais como as minhas se torna candidata a um cargo tão complexo como é o de governadora de um estado inteiro, é porque algo de muito sério está acontecendo na vida política. A derrota não deve ser vista fora de uma perspectiva dialética. A minha simples candidatura furou um bloqueio e ajudou a colocar em cena a questão de que qualquer pessoa pode ser candidata.

Que eu tenha passado a vida sendo apenas uma professora de filosofia, que tenha dedicado o meu tempo a escrever ensaios e romances e, de repente, tenha me envolvido em uma eleição e me esforçado por vencê-la para governar o estado onde gostaria de morar pelo resto da vida, causou espanto em muita gente. Uns gostaram da ideia, outros, não. Muitos nem sequer ficaram sabendo — uma prova de que precisamos aperfeiçoar nossa comunicação.

Aos que em algum momento possam ter comemorado a minha derrota, ou a do partido ao qual me filiei, sugiro que cheguem ao fim deste livro. Claro, se tiverem coragem. É provável, no entanto, que nunca tenham chegado perto de um livro, e não por falta de oportunidade.

É justamente no contexto dessa estranheza que eu gostaria de tornar visível uma questão que, a meu ver, precisa ser analisada com urgência. A política tem que deixar de ser um território sitiado e comandado por coronéis e seus capangas. Chega de Estado de exceção. A própria política precisa ser democratizada. Ela tem que se tornar um lugar aberto às pessoas que estão para além dos jogos de poder. E essa abertura será provocada por nós, ou não existirá. Somos nós, pessoas comuns, que temos que criá-la com as próprias mãos.

Há outras pessoas comuns e simples como eu, como você que me lê neste momento, que estão aceitando este desafio. Algumas delas, para nossa felicidade, sobretudo algumas feministas, feministas negras, ecologistas, ativistas de diversos movimentos, mulheres, homens e pessoas da comunidade LGBT, pessoas provenientes de classes sociais humilhadas, que até agora não tinham se envolvido com política partidária e com disputas eleitorais, estão se elegendo para os cargos a que concorrem. São esses fios de esperança trançados por tantas pessoas — esperança de que haja alguma consciência maior e muita coragem — que me animam a escrever este livro. Apesar do trabalho sujo dos ideólogos capitalistas que fabricam cortinas e cegueiras para o povo, nós precisamos seguir. Compartilhar a experiência vivida, para que suas luzes e suas sombras possam nos ensinar alguma coisa de positivo, no sentido de fazer avançar a luta, é o meu objetivo. Escrevo, portanto, esperando que o pensamento lúcido e incansável no trabalho da compreensão do mundo nos leve cada vez mais à ação que poderá transformar o momento de injustiça que vivemos.

A reflexão sobre questões políticas, das mais simples às mais complexas, as conceituais e as práticas, ora mais acadêmicas, ora mais populares, ora mais etnográficas, ora mais tecnológicas, é o esqueleto desta obra. Sua carne — viva — é a narrativa dos acontecimentos. O que expus nas páginas que se seguem se dá como um convite aos leitores para um passeio no tempo da memória e da reflexão.

Confio no encontro entre aqueles que pensam e o livro, como um elo entre nós. O autoconhecimento e o reconhecimento contidos nos livros, a unidade entre escrita e leitura, essa amizade entre escritor e leitor que escapa às misérias da vida ordinária, constituem o caminho que percorremos juntos há milênios — e têm mais força do que podemos imaginar, no momento em que é preciso resistir no espírito da criação de um mundo melhor para as pessoas que nele vivem.

Em tempos sombrios como estes, é inevitável que os livros sejam alvo da caça às bruxas, afinal, livros são armas contra o obscurantismo, núcleo fundamental do poder em todos os tempos. Entender os arranjos do que podemos chamar de "psicopolítica", o poder como cálculo sobre as mentalidades, as afetividades, as emoções e os sentimentos, tal como comecei a fazer em *Como conversar com um fascista* e segui fazendo em *Ridículo político*, tem sua sequência neste livro, em que o termo "delírio" é a categoria fundamental de análise. Meu interesse é menos criar uma teoria sobre o delírio do que oferecer tópicos para uma reflexão sobre como enfrentá-lo e, assim, não nos tornarmos vítimas dele. Escrevi com o desejo de proteger a consciência e a lucidez, urgentes em um mundo de guerras e guerrilhas psíquicas.

Começo com uma análise do conceito de "delírio" e sigo falando da campanha e de tópicos por ela suscitados. Dividi o livro em pequenos capítulos, para favorecer a leitura, pensando nas horas que sobram de dias cheios de trabalho ou emoções difíceis, que muitas vezes tornam as leituras impossíveis para tanta gente. Roubados em nossas percepções, muitas vezes não conseguimos nos concentrar para ler. E este é também o desafio: treinar a atenção por meio das palavras e dos conceitos. Eles são nossas armas em tempos de guerra psíquica e conceitual travada pelas ideologias destrutivas do mundo que agem contra a lucidez.

Aos que preparam o espírito para o Brasil que há de vir, boa leitura.

Marcia Tiburi
Pittsburgh, 2 de janeiro de 2019

1. O poder é uma doença

Este livro poderia se chamar *O poder é uma doença*, frase genérica com a qual eu poderia resumir muito do que vi acontecer perto ou longe de mim durante a campanha de 2018. Essa campanha deve ser analisada como um divisor de águas nas metodologias e tecnologias políticas de nossa época. O poder, a opressão e a dominação se transformaram sob as novas condições tecnológicas.

Mais do que nunca precisamos levar a sério as condições tecnológicas digitais dos jogos de poder, as redes sociais, os novos aplicativos, as metodologias que, na era da internet, mudaram a forma de ser do poder. É claro que a falta de ética que corre solta nesse universo no qual a pobreza da linguagem favorece as tramas mais mafiosas não pode ficar fora de questão.

Por "doença" devemos entender um distúrbio das funções originais de um corpo. Estamos falando de um mal. Um mal que faz parte da vida, mas que poderia não fazer, pois a doença não é uma necessidade, ela é uma contingência, um fado, um destino, uma causa ou um efeito. Nesse sentido, esta reflexão poderia fazer surgir um tratado de patologia política, ou de psicopatologia política. Uma anamnese básica poderia nos levar ao diagnóstico de paranoia universal, se tratar algo como universal não acabasse sempre em piada. O quadro nosológico do poder nos obrigaria a fazer prognósticos e a pensar no melhor tratamento, tendo em vista os tempos da reforma psiquiátrica, em que os manicômios não fazem mais sentido. Talvez o Congresso Nacional devesse ser objeto de estudos.

É evidente que estou sendo irônica, no entanto, não seria de todo ruim tentar entender a política nos termos da psicopatologia da vida cotidiana ou psicopatologias da vida cotidiana virtual.

Nem a noção especializada, nem a noção popular de doença expressam o caráter de insanidade, de inversão do sentido, de perversão emocional em que vivemos hoje em termos éticos e políticos, nem sequer como uma metáfora. E por mais que a síndrome autoritária[1] e a paranoia generalizada sejam bons diagnósticos a serem levados em conta, falar de doença em um contexto tão amplo poderia soar como uma queda na psicologização da vida. Meu interesse não é psicologizar ou psicopatologizar a vida, nem a teoria nem a vida da política, mas apenas abrir caminhos para mais reflexividade e mais sensibilidade quanto a temas que, antes de serem psicológicos, são filosóficos — no sentido de ser parte dos questionamentos básicos de todos nós, ou pelo menos daqueles que ainda se ocupam de pensar livremente e com responsabilidade. Não gostaria de falar como o especialista em doenças mentais, mas apenas como uma professora de filosofia preocupada com a formação das mentalidades, que convida a pensar a partir da linguagem cotidiana. Afinal, como colocado pelo grande pensador Roland Barthes: por que não falar a língua de todo mundo?

Estamos em uma época em que as pessoas perderam a noção das figuras de linguagem e, por isso, colaboram com o rebaixamento da linguagem à literalidade, o que faz com que ela perca seu próprio ser composto de camadas, de muitas sedimentações de sentido e, portanto, de múltiplas potencialidades. Sabemos, além de tudo, que há uma guerra contra a complexidade baseada em táticas de vampirismo epistemológico, com o objetivo de sustentar a ideologia dominante que a ele serve. É uma guerra ideológica perpetrada pelos braços epistemológicos e deformativos, digamos assim, do poder econômico em seu enlace com o poder político.

Depois da publicação de *A doença como metáfora*, de Susan Sontag,[2] creio que nenhum pensador responsável deixaria de levar a sério sua crítica. Afinal, a doença, como ela bem demonstrou ao tentar desmistificar o termo, faz parte da vida, e há coisas na vida que podem ser piores do que enfermidades. Penso na tortura e na defesa que certos líderes autoritários fazem dela hoje, defesa que só podemos ouvir entendendo que se trata de um discurso delirante sobre uma proposta igualmente delirante. E que essa defesa em tudo delirante, ao mesmo tempo não é simplesmente delirante, embora o delírio seja a forma de produzi-la e de fazê-la vingar e perdurar.

Que as pessoas possam aderir a essas ideias, implica um grau de maldade, outro de inconsequência, outro de cancelamento da capacidade de pensar e analisar o que está em jogo para elas mesmas. Se não percebem que até elas mesmas podem ser destruídas, é porque estão realmente muito além do que a razão ou a sensibilidade podem ajudar a explicar.

Sem descartar o uso das figuras de linguagem, juntando minha experiência concreta a pesquisas e reflexões conceituais, decidi usar o termo "delírio" menos como "doença" do que como categoria de análise política; tanto da política no sentido genérico e simbólico, quanto da política no sentido institucional e prático. Minha esperança é de que a análise que se segue possa nos ajudar a superar este momento tenso da política nacional. Momento que desejo do fundo do meu coração seja superado o quanto antes.

2. Delírio: uma definição

Vou começar com uma definição geral de "delírio". Trata-se de uma definição construída a partir de perspectivas que vêm contribuindo para a compreensão do fenômeno através dos tempos.

O delírio é um tópico importantíssimo nas áreas da psiquiatria e da psicologia, mas vou usá-lo aqui em sentido filosófico. Isso quer dizer que usarei o delírio como um conceito, uma categoria de análise para compreender aspectos da sociedade atual. Entre a noção de confusão mental e a condição de fascínio e êxtase que são próprios do delírio, podemos discutir o tema de um "delírio coletivo" que nos permita pensar a estrutura mental e subjetiva de nosso tempo. O delírio como forma de uma mentalidade psicossocial. Parto da hipótese de que, assim como a sociedade vive sonhos e fantasias coletivos, e pode até construir diálogos a partir dessas experiências, também é capaz de viver loucuras em comum.

O coração da palavra "delírio" está em sua etimologia. O verbo latino *delirare* significa "estar fora de si". "Estar fora de si" pode significar estar siderado, fora da órbita, como dizemos em um sentido coloquial para nos referir a loucuras alheias, ou até mesmo próprias, quando somos capazes de percebê-las. "Loucura", a propósito, é um conceito genérico usado para expressar muitas coisas e, nesse sentido, é sinônimo de "delírio", como quando se diz que alguém "foi à loucura" ou "foi ao delírio". Pode-se usar a expressão "estar fora de si" para explicar momentos de agressividade, o que pode também acontecer em um estado de delírio. Mas a agressividade e o delírio não se confundem. O que realmente caracteriza o delírio é uma radical desorganização dos pensamentos e da linguagem e uma crença absoluta em algo, por mais absurdo ou estapafúrdio que o objeto dessa crença possa ser.

O aspecto que me interessa guardar para nossa reflexão é esse "estar fora de si". Minha hipótese é que a alienação produzida pelo sistema econômico e social é a base da condição delirante em que se encontra a sociedade atual, e nela a subjetividade em geral na qual indivíduos são capazes de aderir às massas sem pensar no que significa essa adesão. Só se pode ser "massa" entrando no modo de operação mental a que chamaremos de delírio. E o delírio produz êxtase. E o êxtase implica um prazer de estar fora de si.

Por "delírio", entendo uma operação mental, mas também uma forma mental projetada e apresentada como linguagem a partir dessa operação. O delírio é uma construção mental, uma representação proveniente do que há séculos vem sendo chamado de "inconsciente", e que se tornou muito popular depois da popularização da própria psicanálise, embora seja um conceito filosófico que diz respeito, sobretudo, ao que não sabemos de nós mesmos e do mundo, da natureza e das ideias humanas. A representação a que chamamos "delírio" surge das dores e dos desejos profundos, daquilo que, sendo insuportável, foi recalcado na vida inconsciente de cada um. O que chamo de "recalcado", pelo menos na teoria de Freud, que sigo aqui, é aquilo que está muito além do reprimido, do esquecido ou do que tentamos esconder dos outros. O recalcado seria aquilo que tentamos esconder de nós mesmos, por seu conteúdo insuportável. Torna-se, portanto, algo ignoto. Não apenas repulsivo, mas amedrontador.

Delírio é ainda uma construção organizada como um sistema, com lógica própria, embora pareça simplesmente uma narrativa absurda. Estamos falando de uma construção paradoxal. De algo incrível, inacreditável e, mesmo assim, objeto da crença de seu autor. E de seus seguidores. Não vou usar a religião como exemplo, tal como fez Freud, pois isso exigiria outro trabalho. No entanto, me parece que, assim como há muito delírio na religião — e má-fé, que usa a ingenuidade da população em certos contextos visíveis em nossa sociedade —, há algo de religioso no delírio: o seu elemento absoluto e dogmático.

Em Freud, o delírio surge como o "retorno do recalcado", como aquilo que teria sido empurrado para dentro, para o fundo falso de nossa inconsciência, e que, estranhamente, ressurge de fora. Isso mostra a força que produz algo como um delírio, que toma o sujeito de maneira a torná-lo uma vítima de seu próprio inconsciente. Para Freud, o delírio é tão complexo que parece ser justamente uma tentativa de cura, como ele nos mostra no caso de Schreber,[3] o juiz alemão que ficou famoso por seu delírio paranoico no qual imaginava ser a mulher de Deus e se tornou um dos casos mais importantes de delírios analisados por Freud.

Na exposição desse conceito, estou me valendo dessas ideias freudianas básicas; a primeira, o paradoxo interessantíssimo de que aquilo que "foi recalcado para dentro retorna de fora"; a segunda, de que se trata de uma tentativa de cura, porque, nesse último caso, pensar que haja cura possível é algo que nos enche de esperança, apesar das linhas tortas desse fenômeno. De fato, a cura pode se realizar, quem delira pode parar de delirar, o que não raro acontece. Mas não podemos deixar de lado o aspecto mórbido dessas representações absurdas carregadas de fantasia. Afinal, são de fato tentativas de cura, mas que nem sempre dão certo. Em vez de provocar a cura, os delírios, quando em dimensão coletiva, em escala social, provocam danos muitas vezes irrecuperáveis para as sociedades nas quais ocorrem.

Vou tomar, portanto, o conceito de "delírio" como uma construção extravagante que advém de processos psíquicos muito mal resolvidos e tem uma função fundamental na ideia de realidade de quem delira. Não vou, contudo, tratar neste livro, tão modesto em suas pretensões, da questão da energia libidinal, em que pese haver um fundo sexual — e homossexual — fortíssimo na vida política, a ser analisado em outra obra, sobre sexologia política, que está em preparação. Devemos levar em consideração que em Freud a energia homossexual é uma ameaça que está na base da construção delirante. O sujeito usa o mecanismo de projeção para se proteger do que lhe é insuportável; ele sexualiza as relações com as pessoas do mesmo sexo justamente para se proteger delas. O sexo, para quem delira, é um fato fundamental da vida — e deve ser, para todas as pessoas, algo importante em medidas diversas e momentos igualmente diversos. Ao mesmo tempo, é algo com o que o sujeito que delira não consegue negociar. Em palavras simples, o sexo atravessa todas as suas relações, está na base de alguma coisa a ser expurgada devido ao sofrimento que ela lhe causa e que o sujeito delirante é incapaz de reconhecer. O que nos faz pensar no caráter delirante de todo o sexismo e do próprio patriarcado como sistema (que se demonstra delirante no sentido da estrutura paranoica), mas isso deixaremos para outro estudo específico.

Como sistemas tais como o patriarcado — que sempre projetou nas mulheres a loucura que lhe é própria —, o racismo e sobretudo o capitalismo — que projetam inferioridade de raça e classe nos seres que escolhe como objetos de exploração — conseguem capturar as pessoas psiquicamente é uma questão que, respondida, pode nos ajudar a entender o sentido dos delírios coletivos que vivemos e a encontrar uma maneira de nos livrarmos deles.

3. Hitler

Quero ser ainda mais direta na exposição do problema que a meu ver precisamos enfrentar. Vou dar um exemplo bem popular: Hitler. Qualquer pessoa que conheça um pouco desse personagem histórico vai achar que ele era, no mínimo, um sujeito com problemas. Hitler vivia o mais clássico dos delírios de grandeza e levou toda a Alemanha com ele por meio da fantasia que foi a ideia de uma "raça ariana". A "grandeza" é algo que está presente como uma promessa também no discurso de Donald Trump.

No caso de Hitler, a fantasia era a existência da "raça ariana" e o delírio era o todo metodológico e epistemológico que girava em torno dessa fantasia que poderia ter sido usada apenas para fazer um filme. E isso era justamente o que Leni Riefenstahl, a cineasta nazista, fazia. Mas para Hitler, infelizmente, não era apenas uma obra de arte ou entretenimento o que estava em cena, mas a construção estética do poder. O delírio é algo diferente da fantasia. Há algum grau de fantasia em qualquer ficção. A ficção implica a fantasia, porque implica o imaginário e simbólico.

Esta é uma questão importante na psicanálise: neuróticos deliram, assim como psicóticos. Mas os primeiros ainda se preocupam com os delírios que possam ter. Se estamos inscritos no padrão mental neurótico, ficamos alarmados quando temos ideias muito mirabolantes, vemos coisas, alucinamos ou ficamos com ideias fixas. Corremos para o psicanalista ou procuramos ajuda de alguém, porque sofremos com as "loucuras" que podemos ter na cabeça ou até mesmo realizar. Mas Hitler não era um neurótico apenas. E talvez não fosse somente um psicótico. Talvez fosse um perverso capaz de catalisar as fixações, as fantasias, as negações e os desejos perturbados de outros. Entretanto, essa constatação, esse diagnóstico, não resolve o nosso problema.

Hitler nos serve como grande exemplo. Até hoje nos perguntamos se ele era a personificação concreta do mal radical, aquele mal no qual não há nada de bom nem mesmo para o perpetrador do mal, o mal da pura iniquidade, da pura aniquilação e destruição, ou se ele era simplesmente um louco, um psicopata, habitante da zona de indistinção que é típica do delírio. Talvez fosse as duas coisas e por isso tenha usado a propaganda, também uma área de produções estéticas indistintas. Por ser um lugar indistinto é que os neuróticos acabam pisando no território do delírio em alguns momentos, os psicóticos vivem nele, e os perversos apenas o manipulam.

O grão de verdade que Freud disse existir no delírio é a prova de que não existe insanidade em estado puro. Os delírios, de qualquer modo, se dão em confronto com a realidade. Se a negam, é para salvar o sujeito do delírio da realidade insuportável. Mas também podem ser menos espontâneos ou menos autênticos, e usados para os piores fins. Podem servir para confundir a realidade e, desse modo, aniquilá-la. Esse é um aspecto importante. Os delírios se dão em uma zona de indistinção perigosa, justamente onde atuam os espertos do nosso tempo.

Se seguirmos uma linha freudiana, diremos que o delírio nasce do desejo que se projeta, ali onde o indivíduo não tem opção. Ali onde o recalcado aparecerá. A projeção, que é o caminho pelo qual a representação delirante ocorre, se daria, em Freud, por pressão daquilo que em psicanálise muitos chamam de pulsão, esse limiar entre o corpo e a cultura, entre o instinto e o espírito.

Há pouco falei de um fundo falso da subjetividade. Aliás, estou chamando de subjetividade nosso todo interno mental e emocional, racional e afetivo. Em certo sentido, a subjetividade é compartilhada com as demais pessoas porque está sempre em produção a partir do imaginário e do simbólico partilhados em níveis diversos. Somos internamente muito parecidos do ponto de vista das estruturas. Fazemos parte de âmbitos de linguagem comuns. Ninguém é uma mônada. Podemos dizer que o inconsciente é um fundo falso e que esse fundo falso é algo pessoal, como uma mala que se leva em uma viagem. Um belo dia, sem mais nem menos, ele pode ser aberto por algo ou alguém desavisado. Esse fundo falso pode ser, com ou sem intenção, furado por algum objeto cortante, uma palavra pontiaguda, uma frase afiada, um olhar perfurador. O objeto perfurante pode nem ser percebido. Essa região, ou essa mala com seu fundo falso que preferíamos não ter que carregar, nós a conhecemos vulgarmente. Trata-se daquele lugar em nós onde cada um é mal resolvido, digamos assim. Ali onde cada um tende a sofrer de antemão caso seu conteúdo seja tocado pela presença de certos significantes. Trata-se daquilo que nos faz fugir, que nos faz nos esconder de nós mesmos por inteiro, que nos faz pedir para não termos nascido, para usar uma expressão um pouco trágica. Aquele lugar de onde fugimos por seu caráter abissal. Aquele lugar que, caso fôssemos Hitler, ou seus seguidores, nos faria acreditar que uma raça inteira de pessoas deveria desaparecer, e nos faria também trabalhar para esse acontecimento. Esse é o delírio que nos importa tratar. A manobra, a colocação em prática de uma visão de mundo destrutiva, absurda e, ao mesmo tempo, lógica, mas que não se encerra em si abstratamente como uma simples fantasia. Ela produz um mundo.

Não é difícil perceber um delírio; nele imperam a irrealidade e a irracionalidade.[4] A realidade desaparece e é substituída por uma construção fantasiosa que tem a função de compensar um vazio, mesmo que seja de explicação. A fantasia, contudo, não é ficção. A noção de ficção — aquela que permite comparar uma representação com a realidade e a partir daí fazer arte, literatura, cinema — cai por terra no delírio, e tudo que diz respeito ao conteúdo do delírio passa a ser verdade para quem a ele se liga. Apagam-se as fronteiras, porque a noção de outro desapareceu. Ou, em um delírio como o de Hitler, é o outro que tem efetivamente que desaparecer, porque internamente já não está ali. E o delirante se torna uma espécie de pedra para ele mesmo, incapaz de sentir o outro, suas dores, seu direito de estar no mundo.

4. Delírio administrado

Nesse ponto é que a questão dos delírios vividos coletivamente se torna radicalmente importante. Tempos atrás, a crítica literária norte-americana Elaine Showalter lançou um livro, intitulado *Histórias histéricas*,[5] no qual trabalha sobre exemplos de gigantescas mistificações, as quais denominou de "histerias", em uma relação direta com as teorias sobre o tema, da Antiguidade ao século XIX. Entre seus exemplos do século XX estão a síndrome da Guerra do Golfo, a memória recuperada de abusos sexuais e de abusos relacionados a rituais satânicos, os distúrbios de múltipla personalidade e a abdução extraterrestre. Showalter afirma que essas "histerias" são difundidas pela mídia, que vê nelas uma mercadoria, afinal, sempre se pode ganhar dinheiro com absurdos e aberrações de todo tipo. A própria histeria foi uma dessas invenções delirantes sobre um delírio que rendeu muito poder e dinheiro para médicos e psiquiatras em sua época.

Podemos concordar com o rico ponto de vista dessa autora, afinal, nos tornamos objetos de um sistema que transformou o "enlouquecimento" em método de controle e disciplina, dominação e poder. Ora, mistificações sempre servem ao poder e ao mercado. Poderíamos compreendê-las como delírios coletivos organizados e orquestrados, como delírios administrados pelos donos dos meios de produção discursiva, que são as corporações de comunicação.

Nessa administração dos delírios, podemos sugerir que há duas formas de delírio a serem contempladas. De um lado, a forma clássica, na qual o sujeito delirante trata a fantasia como realidade, e, do outro, uma forma negativa, na qual a realidade pode surgir, ela mesma, como uma falsidade. A negação da realidade não é um modo simples de combater a realidade, mas faz parte da organização geral do sistema delirante. O sujeito delirante não acredita no que vê, no que ouve, no que se tornou evidente por meio de argumentos racionais. O que estou chamando de "delírio negativo" interessa muito a essa reflexão, porque se trata de compreender o ato de negar evidências e de viver em um mundo à parte com consequências diversas para o mundo ao redor.

No caso de um delírio negativo, trata-se de uma operação mental por falta, na qual a linguagem não cumpre o seu sentido de ligação com o outro. Esse tipo de delírio parece mais ingenuidade ou simples ignorância, mas não deixa de ser uma atuação do recalcado que não permite que o indivíduo se relacione com a realidade devido ao seu conteúdo insuportável. Evita-se, portanto, enfrentar as próprias questões que porventura poderiam surgir em uma análise mais meticulosa. Alienação em um sentido radical é o termo adequado ao caso.

O delírio negativo por meio do qual se rejeita o mundo exterior é, contudo, cada vez menos raro. Uma forma básica de negar a realidade é não aceitar argumentos racionais. O sujeito delirante continua atuando, trabalhando, vivendo, até mesmo normalmente, mas é incapaz de aceitar argumentos relacionados que possam estar ligados à vida real. Tudo aquilo que lhe pareça real demais deve desaparecer. E o que é o real nesse caso? A presença do outro em todas as duas formas. Política, por exemplo, é um tema que chama ao real. Ela traz o outro à presença, por isso, deve desaparecer. Tudo que ocultar o real, e essa existência do outro, será bem-vindo. Toda ideologia capaz de cumprir esse papel será desejada. E, para que não seja percebida como uma cortina, será bem-vinda também a atitude fanática da projeção por meio da qual se diz que "ideologia" é o que "eu não penso".

"Ideologia" se torna, portanto, o que os outros pensam e fazem. Assim é que padres comprometidos com fundamentos do cristianismo institucional ligado ao poder da Igreja criam a chamada "ideologia de gênero", projetando nas estudiosas de gênero seus princípios patriarcais. O termo "gênero", nesse sentido, é capturado por um delírio, assim como o próprio termo "ideologia". Termos cunhados para servir como categoria de análise são usados para mistificações que evitam a todo custo a escuta do outro. E o que seria apenas uma falácia nas mãos de poucos torna-se um delírio coletivo na mente de muitos quando essa falácia tem um grande impacto nos recalques sem os quais as pessoas não conseguiriam sobreviver a seus próprios desejos.

Nesse delírio negativo, as pessoas se tornam incapazes de se relacionar ao "outro" do campo do imaginário e ao "Outro" do chamado campo do simbólico, se quisermos usar conceitos muito comuns na psicanálise desde Lacan. As pessoas rompem, em caso de delírio, com o simbólico, com o lugar da Lei e da cultura, aquele universo aberto relacionado ao que todos podemos compreender, e ao mesmo tempo, rompem com o imaginário, com o campo do que faz sentido, o mais próximo, o que podemos comunicar. Resta a chance de produzir delírio, essa tentativa desesperada de sair da psicose ou de evitar que ela se instaure e fique para sempre. Em nosso caso, porém, a relação com o outro surge com base nas novas condições em que o delírio se transformou em uma verdade assumida por negação do mundo. O delírio com base na falta de escuta, de alteridade, vem a ser o novo lastro social. Muitas pessoas flagradas no delírio revidam contra aqueles que o denunciaram e, ao mesmo tempo, fazem isso "unindo-se" em uma comunidade.

5. Robôs

Lembro-me de uma cena dessas que transitam na internet na qual um grupo de pessoas imitava robôs na forma de uma bizarra coreografia. Era a resposta desse grupo a uma fala generalizada de críticos pela internet afora de que haveria pessoas que, apoiando um determinado personagem da política nacional, se comportavam como seus "robôs". O caráter de negação da realidade presente nesse delírio está no gesto de assumir o parâmetro negativo do robô.

Há movimentos inteiros de pessoas que assumem designações negativas com propósitos políticos. Mas essas heterodenominações sempre visavam a assumir a marcação como forma de desmontar a violência epistemológica e chegar à emancipação. Foi assim com os negros e as feministas, por exemplo. Foi assim com o movimento Marcha das Vadias. O grupo em questão, no entanto, assumia a negatividade aceitando essa negatividade sem a sua superação dialética. Eles confirmavam a designação "robô" sem conseguir fazer dela um uso livre, porque não mostravam em que sentido não seriam aqueles robôs mencionados na crítica. O desafio seria mostrar a liberdade do robô, mas eles não foram além da caricatura, pois faltaram recursos linguísticos e expressivos aos membros do grupo. Além disso, em uma "passagem ao ato" paranoica, o grupo que fez o vídeo assumiu a crítica contida na palavra "robô", dirigida genericamente a uma parte da sociedade, como se fosse dirigida especialmente a eles.

O que Lacan chamou de "metáfora delirante" nos ajuda a entender o que aconteceu aqui. Esse grupo de mímicos se coloca em uma posição de centralidade. Acreditam que a mensagem é endereçada a eles. Como bons paranoicos, não têm dúvida de que a questão concerne a eles. De que aquele conteúdo se refere a eles. Ocupam, nesse momento, o lugar daquilo que lhes restou ser: caricaturas tanto dos críticos quanto do líder ao qual servem.

O líder autoritário que esses mímicos seguem sequer imagina que eles existem e, se souber de sua existência, não se importará com eles, na posição de pai primitivo que ocupa. Eles, contudo, não apenas estabelecem um laço entre si que lhes permite ser um grupo, mas também fazem frente — e desse modo estabelecem um laço — aos enunciadores da crítica, que, representando a realidade, devem ser atacados. Nesse ponto está o caráter de cura do delírio, o enlace com a realidade. É a própria realidade que fala de dentro do delírio. Ao fazer frente a ela, quem delira continua tentando se ligar a ela, sem, todavia, alcançar seu objetivo.

O que devemos guardar desse exemplo é que os indivíduos constituíram um laço entre si a partir de um dado delirante, que implica destruir a realidade para que possam existir, ao mesmo tempo que não se livraram dela por completo. De algum modo, eles anseiam por uma realidade, daí o delírio como uma tentativa sempre frustrada. Zombam da realidade enquanto zombam de si mesmos, porque se tornaram uma caricatura dela e não conseguem apresentar uma resposta ao próprio deslocamento que neles grita.

Encenam, de forma debochada, o que os torna patéticos, mas não são apenas ridículos que se aproveitam da situação para ganhar algum capital espetacular. Há uma tragédia que surge nesse indivíduo deslocado, radicalmente deslocado e sem lugar, e que, no limite, se sente a metáfora de um robô. Ele simplesmente serve a algo que perdeu o limite, que perdeu aquele básico contorno de realidade que nos faz sentir seguros, com um certo lugar no mundo.

Os mímicos não ganham nada em troca senão uma compensação psíquica, que é tudo o que importa a quem está sempre prestes a perder a própria existência. São escravos espetaculares que vivem de uma identificação mórbida com alguém que sequer sabe que eles existem. Mas se querem ocupar um lugar, o do vazio da própria sociedade, é porque também eles anseiam por uma sociedade. São os sujeitos do delírio coletivo, os *performers* da tragédia coletiva, da desgraça da subjetividade colonial, capitalista, televisiva, manipulada na internet. São portadores da capacidade de representar o que representam, o grande vazio do sentido do que um dia foi humano, elementos úteis ao sistema. E essa é sua grande compensação na fratura genérica da vida humana sob as condições sociais e históricas nas quais foram criados. Fraturados, quebrados, colonizados, espezinhados, humilhados, eles se colocam magicamente no vazio e se tornam "falo" modelado com a substância do capital. E conseguem isso por meio de uma imitação do significante (robô), que, originalmente, os ligou ao seu pai sem coração e sem alma.

Estão realizados. Podem dormir seu sono dogmático e ideológico em paz. Livres de qualquer culpa.

6. O bem que o outro nos faz

Não importa quem seja o outro — seja o próximo, seja o imaginário, seja o simbólico —, a dimensão do outro é a salvação de qualquer um da própria inexistência, que é o que realmente ameaça o sujeito na neurose e na psicose. "Outro" é um termo simples, da vida cotidiana, e eu quero defini-lo aqui de um modo também muito simples e fácil de compreender. O "outro" é um ser genérico, é o que se opõe a mim, que rompe com a minha fantasia de totalidade, de autossuficiência, que me dá a chance de estar dentro do mundo para além de uma posição paranoica. O outro é o nosso eterno desafio. Um desconforto sem o qual não podemos viver. Para com o outro, portanto, só podemos ter o sentimento de gratidão, embora tantas vezes o invejemos. Ele é a única garantia de que não estamos, particularmente, delirando.

Um problema a ser enfrentado é que não se podem livrar as massas do delírio coletivo. É preciso salvar cada um de uma vez. E salvar cada um significa salvar cada outro.

A linguagem também faz parte do campo do outro. A linguagem não me pertence, ela compõe o plano do simbólico. É algo que temos em comum, que partilhamos, sob a qual sofremos juntos, e que também sustentamos juntos. No delírio coletivo em que vivemos atualmente, as pessoas se tornam cada vez mais alienadas da linguagem. Falam a mesma língua, mas lhes falta uma dimensão. São incapazes de perceber figuras de linguagem, isso quando conseguem escutar os outros, pois uma das características da posição delirante é a de não se perceber mais nada nem ninguém que não colabore com o delírio. Ironias, metáforas, metonímias, elipses, eufemismos, hipérboles, pleonasmos, paradoxos, todos desaparecem dos discursos ou são mal entendidos. Tudo devém achatado na literalidade. A dimensão do outro que articula e possibilita essas figuras desaparece e, por isso, elas desaparecem também.

Essa é uma característica do delírio que está presente nos autoritarismos. Alguém que delira se protege do outro, daquele que poderia vir justamente a desmontar o delírio com sua linguagem, com suas ideias ou apenas com sua presença. O que estou chamando de "delírio" aqui é o que foi normalizado, naturalizado. A autossuficiência, por exemplo, que, ao evitar o outro, esconde o medo do outro. E o medo que nos esconde o outro também esconde a nós mesmos. O medo é a grande força do recalque, pois é por meio dele que se mede e se escolhe o que se torna insuportável para nós.

Poderíamos dizer que o sujeito do delírio, seja um delírio de autossuficiência, de grandeza, ou qualquer outro, é um simples ignorante acerca dos próprios sentimentos. Mas isso seria reduzir muito o problema. O ignorante clássico se mantém lúcido sobre sua ignorância e, se ultrapassa limites, se cai em algum tipo de estado delirante ou próximo disso, fica envergonhado, pede ajuda ou até mesmo disfarça. Como a razão ainda faz parte de sua vida, ele desconfia de que há algo errado acontecendo com ele. Digamos que ele seja simplesmente um neurótico; e a neurose faz parte da vida cotidiana, incluindo a todos nós. Já com a psicose acontece algo completamente diferente. Essa é uma diferenciação importante, pois o sujeito do delírio é incapaz de reconhecer em si mesmo esse efeito. E ele não pode reconhecer, porque o desejo que sustenta o delírio não encontra elo com a realidade. E o que é, afinal, a realidade? O lugar de onde vem o outro.

A negação faz parte dos delírios, mas a dúvida faz parte da realidade. Um bom jeito de se situar na realidade é manter a dúvida como uma carta na manga. O outro em todas as suas dimensões nos permite duvidar. Que certeza podemos ter da realidade? Conhecemos a velha dúvida hiperbólica de Descartes, por meio da qual ele duvidava de tudo o que existia, colocando o mundo em xeque. Afinal, que certeza se poderia ter do mundo? Descartes cairia em uma alucinação, no delírio da razão, se não mantivesse o ato de pensar como um ato de duvidar, o ato que originariamente nos mantém pensando.

Sabemos que a realidade — esse lugar do outro — existe porque ela está aí para ser questionada, e essa é sua principal diferença em relação ao delírio. O delírio não admite questionamento. Não há um grão de dúvida no delírio, mas apenas um grão de verdade,[6] como nos disse Freud. A dúvida é da dimensão do outro, uma porta aberta para o outro, o que permite que alguém saia do delírio e até mesmo acorde os demais.

Nesse ponto de nossa conversa, podemos dizer que, se transpusermos a alegoria da caverna de Platão para um manicômio, teremos atualizado essa grande fábula do Ocidente. Quem sai das convenções, dos clichês, do mundo dos pensamentos e discursos prontos, é o outro ao qual devemos prestar atenção, porque talvez ele seja o único que não esteja fora de si.

7. Teorias delirantes na era da pós-verdade

Por mais estranho que pareça, o delírio funciona de modo organizado, como uma teoria. Do mais simples delírio particular ao mais complexo delírio coletivo, há uma estranha organização, uma lógica interna. Quando Freud fala em seus textos que a paranoia é um sistema filosófico que não deu certo (do mesmo modo que a histeria seria uma obra de arte que não deu certo, e a mania obsessiva, uma religião que não deu certo), ele se refere a essa dimensão sistêmica da loucura e sua falha. O modo de ser do delírio implica a encenação dessa fratura que desamarrou o sujeito da realidade. No entanto, quando essa encenação da fratura se torna hegemônica, ela se reorganiza nos mais diversos e estranhos coros.

A cada dia, mais e mais teorias delirantes que simplesmente negam a realidade mais evidente e comprovada surgem ou ressurgem entre nós. E assim como retornam teorias que fazem rir aos mais céticos, retorna também o que está recalcado tanto em nível particular, quanto em nível coletivo e, no limite, massivo. Isso é possível porque, por mais improvável que seja o conteúdo do delírio, ele tem o valor de uma verdade para quem a ele se apega. O delírio é um processo da linguagem, e a linguagem tem a função de nos fazer participar do mundo humano. Ele nos torna seres de convivência, de cultura, em uma palavra, seres *políticos*. Perdido o lastro da linguagem, perdemos o outro e somos mergulhados no desinteresse em relação ao mundo; restamos sós e prestes a sucumbir aos mais diversos delírios. A chamada "síndrome do pânico", que se torna a cada dia mais comum, é um deles e agrega multidões de pessoas que, contraditoriamente, não podem se encontrar umas com as outras.

À medida que avançamos na pós-verdade, é provável que perspectivas e posições delirantes avancem mais e mais. Teorias que valiam como verdades em um passado remoto anterior às comprovações científicas consensuais voltam a valer hoje. O que autoriza multidões inteiras a se entregarem de corpo e alma a ideias absurdas tais como a famosa teoria da "Terra plana"? Certamente o fato de que não veem como absurdo aquilo que defendem, mesmo quando dizem que a prova de sua teoria é que ao andarmos dentro de um carro e olharmos para fora, o horizonte não se modifica.

Os aproveitadores desse clima delirante no mundo farão crescer sua indústria e seu comércio. Eles são a versão contemporânea de manipulações que conhecemos há muito tempo na história humana. Nesse caso, a diferença entre neurose e psicose já não nos basta, porque muitos dos líderes de nossa época não são simplesmente neuróticos ou psicóticos; eles são perversos mesmo. Especialistas em enlouquecer o povo usam formas de abuso psicológico elementares. E quem se deixa manipular é justamente aquele cidadão que não consegue perceber a manipulação ou depende emocionalmente desses líderes.

Esses líderes oferecem conteúdo em um processo de *gaslighting* ao contrário. Enquanto o *gaslighting* clássico consiste em fazer uma pessoa pensar que ela mesma está louca, uma tática muito usada por homens contra mulheres, no processo atual há meios de produção de discurso que oferecem às pessoas verdades prontas na forma de desinformação. Enchendo a cabeça de todos de falas recortadas, de narrativas fantasiosas e absurdas, por exemplo. O que as religiões dogmáticas oferecem às pessoas não é menos pior. O que as corporações midiáticas fazem também não.

Talvez a população se torne massivamente perversa, ou seja, manipuladora e sem limites para seus atos, mas não o fará sem antes passar pela narrativa que permite o delírio. Porque o delírio é o lastro da autorização para todo tipo de perversão. Há, contudo, quem acorde antes de chegar a esse ponto e se torne herói de sua própria vida. Ainda podemos confiar na lucidez particular de cada um, o que significa acordar do delírio coletivo. A história das grandes manipulações está por ser escrita, e talvez não sobre alguma instituição, mas sempre podemos esperar que as pessoas resistam, sobrevivam e ajudem umas às outras.

Se não mudarmos o curso da história, o futuro será sombrio. Nos tempos da pós-verdade, quando o valor da verdade já não tem sentido, delírios como o racismo[7] vão aparecer cada vez mais agrupando pessoas esvaziadas de si mesmas e dispostas à robotização. O machismo, que se mostra como covardia, o capitalismo, como ostentação, tudo isso vai piorar em um clima cada vez mais delirante. No contexto da loucura codificada, podemos pensar em vários outros, na forma de uma insistência em conteúdos destrutivos como se fossem verdades incontestes. Conteúdos destrutivos não apenas em relação aos outros, mas também a seus produtores, e que parecerão aos que permanecem lúcidos apenas contradições, excessos ou *bullying*, em um primeiro momento não tão ofensivos, porque ainda não se tornaram hegemônicos. Ouso dizer que já estamos nesse estágio.

Do delírio da Terra plana ao outro transformado em um simples inimigo a ser eliminado, sobram "dogmas" e "discursos verdadeiros" e perdem-se os parâmetros da razão e da "razoabilidade", e o lastro mental e de linguagem que garantia a convivência humana cai por terra. O poder confundido com a fala, típico das psicoses, fará com que os delirantes, sejam líderes, sejam seguidores, falem demais sem ter nada a dizer. Mas não como o simples ato fálico "da boca para fora", e sim como gozo, como autorrealização dos atos mais absurdos por meio da fala. Destruído o parâmetro da realidade, não restará mais base alguma sobre a qual sustentar algo como uma sociedade. O que nos restará no futuro?

Se os delirantes passarão a atos para além dos atos de fala — ao *"agieren"* de que falava Freud, o *"acting out"* ou a "passagem ao ato", em português —, é uma questão que devemos observar. A sociedade toda precisa ficar em observação, com um olhar cuidadoso, que faz parte dos tratamentos e processos de cura. Especialistas devem observar — contemplar, analisar, pesquisar —, em seus trabalhos de pesquisa, mas cada pessoa deve também observar a si mesma e, com amor nos olhos, observar os seus mais próximos e, quem sabe?, ajudá-los a se manterem dentro da realidade.

Só assim, evitando "sair de si", seremos capazes de controlar o delírio dos delírios a que chamamos de "fascismo" e que, no contexto em que o parâmetro da "verdade" já não importa, também se deixa apresentar como algo absolutamente normal.

8. Guerra psíquica de todos contra todos

O clima delirante em que vivemos é parte fundamental do capitalismo em todas as suas fases. Não se trata de um mero mergulho espontâneo das massas na irracionalidade, de uma criação espontânea das narrativas delirantes, muitas das quais, em nossa época, estão ligadas à religião e à sexualidade. Daí que falar em Deus e sexo (ou *gênero*, para onde os delirantes transferiram seu problema) tenha se tornado tão decisivo.

Se o capitalismo é uma forma de racionalidade perversa que cria delírios em seu favor, ele pode favorecer o enlouquecimento a partir da perda de seus próprios limites. Vejamos. Kant diz, na *Crítica da razão pura*,[8] que é a própria razão que pode enlouquecer, justamente ao se perder de seus limites. Por isso todo o esforço desse pensador em traçar os limites da razão, que são os mesmos limites do conhecimento. Deus é um dos exemplos importantes de Kant que devemos lembrar em nossa época, quando "Deus" é um termo dos mais usados e abusados. Não podemos, sob uma perspectiva kantiana, saber nada sobre algo como Deus. A rigor, sabemos apenas o que nós mesmos nele pomos, ou seja, sabemos e podemos saber apenas sobre nossa relação com aquilo que chamamos de Deus, sobre nossas teorias acerca de Deus. Deus deveria ser tratado como um assunto muito mais particular, porque, em nível coletivo, ele pode estar na base dos delírios religiosos. Hoje, as religiões não vivem apenas da ilusão, como definia Freud, mas também da administração dos delírios, como fazem as instituições de poder.

Ora, aquilo que escapa aos limites da razão, mesmo sendo fruto da razão, cai na irracionalidade. A razão é uma medida dentro de um limite. Além dela, estamos no reino da desmedida. Não se pode imaginar um destino feliz para as atitudes com base na desmedida tendo em vista a limitada condição humana, sempre em busca de parâmetros. Nesse sentido, mesmo a manipulação mais abjeta precisa ser limitada, do contrário, pode levar à pura e simples destruição até mesmo daquele que opera a manipulação. O delírio capitalista tem relação direta com essa desmedida, com a perda do caráter "racional" e "medido" das ações que permitiam ao sistema ser como era. No capitalismo, sempre se tratou de administrar a desigualdade para que ela não colocasse em risco o próprio capitalismo. A desigualdade nunca comprometeu o sistema. O sistema, que sobrevivia "equilibrado" em sua própria lógica interna, evoluiu, e sua tendência era se transformar espontaneamente em algo menos desigual, mas ainda desigual. Com a entrada de novos agentes, de novos trabalhadores, de exigências desses trabalhadores em relação a direitos, de novas demandas sobre a vida da economia, o capitalismo se transformou, mas perdeu justamente aquela capacidade de sustentar a desigualdade que o caracterizava e lhe dava sustentação. Percebendo que sua força estava se perdendo, o sistema acirrou sua forma de ser, em uma tentativa ensandecida de manter-se como tal.

Ora, o que vale para a economia vale para a política. Também na política, com a presença de novos atores, de novas demandas, de novas exigências, o sistema se modificou e, desesperado, apelou para a ignorância. A violência nos métodos e nas armas políticas implodiu a democracia. As falas e práticas loucas que vemos em diversos líderes pelo mundo afora nos fazem saber que estamos sob o signo da loucura plena. A loucura, como disse Mino Carta, foi elevada a forma de governo. Hoje, assistimos praticamente calados a quem ameaça matar uma parcela imensa da população brasileira, matar os "opositores" do sistema. E não há o que fazer, porque as instituições todas estão lançadas no delírio elevado a forma de governo. E esse delírio se dá na forma de um consenso em torno da mentira.

Tomemos, portanto, como exemplo para pensar a questão da racionalidade — e da economia e da política —, o ato negativo de "mentir". Refiro-me à mentira como um negativo da verdade. Mesmo não sendo algo ético, mentir pode ser uma atitude carregada de um espírito racional, uma atitude pensada e organizada pragmaticamente por alguém que mede os meios pelos fins e que pretende alcançar um determinado objetivo com sua mentira. A mentira racional é organizada dentro de um parâmetro: o da verdade. Até porque o parâmetro da razão é a verdade. Mentir em escala industrial também pode ser racional, mas tende a ser perigoso, pois as pessoas atingidas podem se sentir ofendidas quando se descobriram enganadas e querer revidar ou exigir reparação. Percebida, a mentira deve ser coibida, proibida ou punida institucionalmente, quando for o caso.

Mas o problema é outro quando a mentira se torna a lógica do mundo e substitui a verdade. Quando mentir não é mais a exceção, mas a regra, então a mentira se perdeu da medida que envolvia uma escala racional em relação à qual ela se pautava. Quando a mentira se pauta pela verdade, ela ainda é racional. Mas quando não se pauta mais pela verdade, quando se torna a nova medida, o novo "parâmetro" do mundo, então chegamos à desmedida e ao irracional. A destruição do mundo está à nossa espera. Se a mentira for o novo parâmetro do mundo e se todos aderirem a ele, o entendimento se tornará impossível, as relações se tornarão inviáveis, porque a própria linguagem não servirá mais ao conhecimento e ao reconhecimento. A noção de ficção chegará a outro patamar, ou desaparecerá por completo.

No mundo em que a mentira é o patamar, a ficção será sutil demais para sobreviver. Se mentir for a regra, a desconfiança também o será, e muito mais que isso: viveremos em um mundo em guerra de todos contra todos. E talvez sejamos capazes de um novo modo de fazer guerras. Dessa vez, no mundo da pós-verdade, a guerra será psíquica. Vencerá quem for mais manipulador.

A capacidade de manipulação será o foco da grande disputa, a disputa pela competência para a perversão. Talvez já tenhamos chegado a esse estágio e não tenhamos ainda levado em consideração o que nos move hoje. É assim que já agem os políticos adequados ao tempo da mentira que eles mesmos ajudaram a criar, muito além do que conhecemos até aqui, quando as regras dos jogos de poder ainda eram analógicas e ainda era possível falar de uma coisa tão antiga como a ética.

9. Delírio como ideologia

O delírio se torna a nova ideologia, ou seja, uma forma reguladora e controladora do pensamento em geral e da linguagem que o estrutura. Quando Jesus Cristo diz: "Pai, perdoa-os porque não sabem o que fazem", ele está, de alguma forma, falando de ideologia. Hoje, quem é cristão e pensa nesse momento vivido por Jesus Cristo, se estarrece. Quem em sã consciência teria coragem de fazer o que se fez a ele? Ora, essa cena de Jesus Cristo nos serve de metáfora para compreender as maldades do mundo e a falta de atenção e consciência relacionadas às suas realizações. Quando as pessoas agem sen pensar, é porque já não podem pensar. Pensar é uma capacidade que lhes foi subtraída. Pensar é liberdade, e liberdade é poder, por isso, os poderosos sequestram a liberdade de todos, a fim de garantir o seu poder — o que, na verdade, é uma forma de violência.

As pessoas já não podem pensar, porque os pensamentos próprios foram substituídos por próteses, na forma de discursos, ideias, imagens, mecanismos, aplicativos, programas. As pessoas repetem o que lhes foi designado, lobotomizadas que estão, como os robôs sobre os quais falamos anteriormente.

O trabalho da indústria cultural é produzir esvaziamentos subjetivos para preencher o pensamento, e é um trabalho sempre muito bem-feito, porque a atenção se modifica e se torna exigente da novidade que lhe é prometida. O grande esforço dos sistemas de poder sempre foi este: impedir que as pessoas pensem de forma "autônoma", o que significa dizer "por contra própria"; que pensem de maneira analítica, criticamente, com cuidado, acerca do mundo que observam, acerca de si mesmas, como observadoras que são. Os sistemas alienam os indivíduos de si mesmos, de seu corpo, de seu espírito, de seus desejos, de seus sentidos e presenças. Aumentam a fratura que é constitutiva de cada um de nós. A confusão íntima que todos sentimos, essa cisão inicial e originária que passamos a vida tentando superar.

Se pensar racionalmente significa refletir com senso de consequência quanto aos objetivos, aos efeitos do que fazemos, se pensar de maneira autônoma é uma característica dos seres racionais, cientes e conscientes, estar distante dessas capacidades significa estar à mercê da irracionalidade. Por isso, podemos dizer que há um terreno fértil no qual pode se instaurar a loucura contemporânea. E o que chamamos de indústria cultural é a fábrica e a fornecedora dos incrementos tecnológicos que garantem que isso seja possível. A indústria cultural visa à alma das pessoas e tem conseguido capturá-la, como um pássaro que se caça e se coloca em uma gaiola. Se o pássaro começa a gostar da gaiola, ele se torna dócil e faz o que seu sequestrador quiser.

Saber que o capitalismo é ele mesmo um grande delírio organizado, um sistema procriador de delírios conexos como o racismo e o machismo, a escravização, o feminicídio e o genocídio de pessoas — e vamos incluir aí a destruição da natureza, que há de destruir também a humanidade —, não garante que será possível amenizar a sua força e muito menos desarticulá-lo, uma vez que ele assumiu a forma de uma narrativa hegemônica. Lembremo-nos de Lacan quando diz que o inconsciente tem a estrutura da linguagem. Quem produz o inconsciente são aqueles que detêm o poder sobre os meios de produção da linguagem. Ora, o delírio se apresenta como uma narrativa. Narrativas nos tocam nas várias instâncias linguísticas de nossa vida. Uma história, mesmo que mal contada, e talvez justamente por isso, em uma época como a nossa, em que a razão, o entendimento e outras faculdades mentais declinam, acaba por convencer muita gente. Em nossa época de autoritarismos permitidos, podemos dizer que os delírios também o estão. Os delírios produzem adesão justamente porque as desmedidas emocionam. E na perda da razão, o gozo emocional substitui o prazer do conhecimento. E, se a ideologia estiver bem organizada para administrar emoções, então ela vence.

O que nos faz saber que se trata de um delírio a experiência social e coletiva que vivemos neste momento? Não me refiro apenas ao "delírio ocidental", como aparece na tese de um francês[9] que critica a razão cartesiana como um projeto insustentável e sem limites, ligado à nêmesis (vingança) e à *hybris* (excesso ou desmedida) de que falavam os filósofos gregos. Pensadores da chamada Escola de Frankfurt, sobretudo Adorno e Horkheimer, já tinham percebido a presença de um elemento delirante na razão ocidental ao criticar os velhos filósofos Descartes, Bacon e tantos outros. Isso foi assunto que me tocou muito há mais de duas décadas, na época dos trabalhos escolares do mestrado e doutorado.

Alguém pode achar pedante, mas é sempre bom situar experiências de estudos importantes — e até lugares de fala —, sobretudo no momento em que ataques e perseguições a professores e intelectuais são cada vez mais comuns em meio ao fascínio anti-intelectualista do fascismo atual. Pesquisas e livros precisam mais do que nunca ser respeitados e valorizados. Se, por um lado, a liberdade de pensar que deve caracterizar a filosofia que quer transformar o mundo implica certa "desobediência acadêmica", pois a Universidade também pode ser um ambiente muito rígido, quando se trata de dever ser simplesmente rigoroso, por outro, a pesquisa séria precisa ser respeitada. Se, além disso, o megafone na mão do intelectual no meio da rua ou nas redes se faz urgente, a aula consistente, o plano de educação, a formação de anos à base de cuidado e atenção aos temas, de crítica e autocrítica, de investigação incansável não podem de modo algum ser menosprezados. Leiam estas linhas como um convite ao pensamento reflexivo, ao cuidado com os discursos para que os trabalhos sérios possam vencer hegemonicamente os propósitos manipuladores que vemos nos discursos dos meios de comunicação e das religiões em geral.

Escrevo pensando em aberrações superideológicas como a "escola sem partido" e a ultraideológica "ideologia de gênero". E sabendo que, mesmo no ambiente acadêmico, há tentativas de controle do pensamento analítico. É isso que se faz quando professores criam um índex de palavras e expressões que deveriam ser proibidas. "Gênero" talvez seja a palavra mais perseguida, que vem sendo caçada como se fosse algo pronunciado por bruxas na Idade Média. Mas há também quem queira acabar com termos tais como "empoderamento", "lugar de fala", "ressignificação" e outros.

Lembro-me do texto de Theodor Adorno intitulado "Os estrangeirismos são os judeus da linguagem",[10] no qual ele tentava salvar a abertura da língua alemã do autoritarismo que se utiliza das línguas de tempos em tempos. O pensamento livre coloca o diálogo como um enfrentamento com aquilo em relação ao que se tem discordância. Tentar proibir alguém de usar uma palavra é algo, no mínimo, preocupante. Portanto, voltemos a insistir no pensamento livre e no elemento ético de um pensamento construído pela autonomia ética do pensar. Por isso, pensemos mais, pensemos muito. Pensemos incansavelmente no que se passa com nossas experiências de pensamento e linguagem. Lutemos pela busca da verdade, cada vez mais maltratada entre nós em tempos de tanta mistificação e autoritarismo.

10. Delírio das massas e escravização digital

O delírio é das massas, que não têm como saber de si mesmas. A condição de massa implica a inconsciência. Para que a massa funcione como tal, é preciso que cada um dos seus participantes seja capaz de perder os contornos da própria subjetividade. Para superar o delírio no nível das massas devemos nos dedicar a um exame do estado do nosso desejo em nível coletivo nos dias atuais. Mas o que é feito do desejo em uma sociedade capitalista? Ora, ele é apagado e rebaixado a necessidade e, ao mesmo tempo, logo depois de ter sido amordaçado e recalcado, tratado como normal ou natural.

Poderíamos chamar o desejo de instinto,[11] e ao coletivo poderíamos dar os nomes de "manada", "rebanho", mas esses termos não serão bem recebidos em nossa época, como não o eram na época de Nietzsche. A autocrítica não é um forte das massas. Acostumadas à adulação cada vez mais radical dos meios de comunicação, da indústria cultural, das religiões do capital, as massas, ou aqueles que estão na sua condição, são incapazes de superar o narcisismo adquirido. O narcisismo é uma espécie de zona de conforto, de consolo. É uma espécie de remédio, embora placebo, que o próprio sistema oferece aos seus robôs, para que não sintam muitas dores nas engrenagens e possam continuar colaborando com um sorriso mecânico no rosto ou saibam se esconder por conta própria quando estiverem fora de uso.

Um detalhe, antes de seguir, já que voltamos ao tema dos robôs. Todos devem saber que a palavra "robô" significa escravo ("*robota*", do esloveno, significa "servidão"). A rigor, "robô", "escravo" e "trabalhador" são termos ligados entre si. A função psíquica dos meios de comunicação e da indústria cultural como um todo é fabricar estímulos violentos ou angustiantes, o que vemos em todos os tipos de mercadoria do cinema e da televisão, e os placebos para amenizar seus efeitos. Na verdade, um círculo vicioso de consumo do veneno e do seu remédio. Sobre isso falei em um livro publicado em 2012, intitulado *Sociedade fissurada*.

O objetivo é deixar todos dóceis, ocupados em digerir os temas das últimas séries apresentadas nas televisões do mundo. A verdade é que ninguém suportaria o capitalismo se ele não trouxesse uma alta dose de promessas de conforto, adulação, consolo, placebos e próteses para o indivíduo se achar um feliz cidadão do mundo. O robô se organiza com todos esses incrementos, energias e combustíveis, sendo uma nova forma subjetiva produzida por táticas de sedução que garantem obediência estrita a ações e funções. A robotização seria o devir-negro do mundo, de que fala Achille Mbembe,[12] se a escravização, da qual foram vítimas os africanos no capitalismo moderno, produzisse figuras dóceis. Mas há uma pequena diferença.

Como no capitalismo, nada é de graça, há um preço a ser pago. Esse preço é subjetivo e objetivo, sempre pago em sofrimento pessoal, emocional e também material. O narcisismo cobra um preço alto porque, para ser mantido, requer muito esforço. Os novos escravos contemporâneos pagam infinitamente, até seu completo esgotamento, com a alma e o corpo. Devem dar tudo o que têm e o que não têm pelo que o capitalismo lhes oferece, suas dores e seus remédios. Por meio do tratamento de adulação narcisista, que é diferente de amor-próprio, as pessoas tendem a ficar de bem consigo mesmas e esquecer que há problemas no mundo ao redor. Quanto mais narcisismo, menos noção da alteridade a significar que há um mundo ao redor. Podemos, sem dúvida, falar de um delírio narcísico que se tornou generalizado. A medicina psiquiátrica define o Transtorno de Personalidade Narcisista (TPN) como uma doença rara, mas isso não se confirma quando pensamos em massas de pessoas bastante transtornadas. Por meio do narcisismo, as pessoas são capazes de sentir a servidão como um privilégio, como bem colocou Ricardo Antunes ao falar dos novos escravos digitais.[13] No entanto, a escravização digital significa, na verdade, uma robotização direta.

O exemplo do trabalho é maravilhoso porque nos permite conhecer dimensões do que estamos entendendo como delírio coletivo. De um lado, há os absurdos mais disparatados; do outro, as ações sem sentido. Mas não é bem assim. De um lado, as coisas mais estapafúrdias sendo ditas e promovidas, um festival de extravagâncias; do outro, as pessoas fazendo coisas que não fariam, caso pensassem melhor.

As coisas mais estapafúrdias sendo ditas e praticadas não são ingenuidades nem banalidades quando ditas pela boca dos poderosos, ainda que possa haver alguém que se expresse autenticamente nesses contextos. Disparates verbais têm uma função no cenário geral: produzir confusão e criar um clima propício ao que se chama há muito tempo de "prática".

Por um lado, as loucuras ditas estimulam práticas que acalmam; ir à igreja, por exemplo. Não é à toa que as Igrejas interessadas em crescer economicamente produzam tantos discursos na linha do delírio. Vai-se à igreja para participar de êxtases coletivos que em tudo parecem delírios, e vai-se à igreja também para se sentir curado deles.

Por outro lado, muitas pessoas se entregam ao mundo da prática mais fria justamente por parecer um mundo mais seguro. Tornam-se robôs, em alguma medida, mas mantêm a alma viva. Salvam a si mesmas. As pessoas se entregam à prática também porque se cansam de falas que não têm nada a dizer. O fanatismo ou captura, ou cansa as pessoas. A alternativa parece sempre bipolar: ou o indivíduo sucumbe a ele, ou lhe dá as costas e fica à deriva.

Os fanatismos prejudicam a vida do espírito, porque afastam do pensamento sério que deveria garantir a vida do espírito. As pessoas que desistem de ouvir desistem de pensar. São capazes de desistir da filosofia, assim como desistem da política, que seria uma forma da prática a partir da consciência do que se faz. Ao perceber que estão todos malucos, os que se mantêm "não malucos" optarão por não dar conversa, por não fazer parte, por debandar, por desistir da linguagem como objeto que permite compreender e explicar os atos básicos do conhecimento, assim como um dia desistirão da política. No meio da confusão mental generalizada e das tentativas toscas de manter a consciência, a própria filosofia poderá se transformar, aos olhos de pessoas bem-intencionadas, "coisa de maluco". Melhor não dar ouvidos a "loucos".

Os que caíram na teia dos delírios coletivos seguem fazendo o que tem que ser feito sem questionamento, seja votar, seja pagar o dízimo, seja ver os programas de televisão, seja ouvir ou dançar as músicas, seja acompanhar as notícias do jornal televisivo, seja xingar os adversários nas redes sociais. Muitos seguem porque duvidar é coisa do demônio. Duvidar é uma prática mental demonizada. Quem pensa demais são os "comunistas" e similares, e esses, no delírio dominante, são personificações do demônio.

Assim, a divisão do trabalho não deixa mais o trabalho intelectual na mão das elites. Aliás, esse conceito de "elite" se torna cada vez menos atual, porque as elites econômicas eliminam o trabalho intelectual sério. E também o trabalho artístico. Eliminam a própria elite intelectual porque ela, da mesma forma, atrapalha a elite econômica. Hoje, o que as elites econômicas fazem é criar teorias contra as reflexões, para que as populações não tenham acesso ao pensamento crítico. E as elites econômicas detêm, além do poder midiático, o poder religioso.

Foucault falou em "biopoder", o cálculo que o poder faz sobre a vida. O cálculo do poder sobre o conhecimento e a ciência, que não devem estar ao alcance de todos, continua vivo, mas o cálculo fundamental é feito sobre a narrativa, a linguagem, o simbólico e o imaginário, o sistema de crenças das pessoas, que se confunde hoje com seus desejos reprimidos sob fundamentalismos de todo tipo. Há um controle direto sobre o que se pensa e sobre o que se pesquisa. E por mais que busquemos nomes novos, vamos sempre ter que voltar ao velho termo marxista: "ideologia". Ela é o cálculo que o poder faz sobre a linguagem, sobre o que se pode e como se pode saber ou não saber.

Já vimos esse filme, alguns dirão. Na Idade Média, era Deus o que não podia ser questionado. Hoje é o capital, que se apresenta no cotidano sob várias formas. Uma delas é a vida digital. Um novo ambiente no qual o capital frutifica.

11. Ideologia e cálculo do poder sobre a linguagem

O exemplo do trabalho nos dá a dimensão de alguns absurdos, que nos levam a pensar que as pessoas estão sendo enganadas. Porém, é mais complexo. Progressivamente, máquinas operam em lugar de pessoas. E pessoas pagam para operar máquinas de empresas que demitem funcionários. Veja o exemplo dos caixas bancários e dos atendentes de supermercados, farmácias, companhias aéreas, cinemas e teatros. Hoje é possível fazer todas as operações de compra e venda na internet. A profissão do vendedor, do atendente, desaparece. Ou melhor, você a assume. Vai lhe dar trabalho e chateação. E você vai acreditar que é sua obrigação conseguir comprar digitalmente um ingresso ou uma passagem de ônibus, porque comprou a ideia de que é necessário fazer funcionar a vida. Você paga pela coisa em si, e o serviço parece não custar, porque foi você que realizou a operação. Mas a verdade é que você trabalhou de graça. Ou melhor, você trabalhou de graça, mas na verdade também pagou pelo trabalho que você mesmo fez. Trabalhou de graça e pagou a alguém que não foi você mesmo. Você se tornou um alienado à segunda potência. Sustenta uma empresa que demite funcionários e trabalha de graça para ela. Ou melhor, você paga para trabalhar para ela. Haverá uma lógica nisso, e todos os donos de empresas e estrategistas dirão que o que eu digo não faz sentido. Mas esta é a lógica do delírio: você deve fazer mesmo que seja contra você apenas porque as coisas devem ser feitas assim. Esse dever fantasmático lembra a ordem de vingança dada a Hamlet por seu pai. Quem era esse pai? A personificação de um delírio. Hamlet fará direitinho tudo o que deve fazer, comprometido que está com esse delírio. Matará várias pessoas, fará sua namorada se matar, morrerá ele também, mas terá obedecido ao seu delírio, como um bom robô obcecado por uma ideia.

As pessoas estão sendo enganadas, mas de uma forma mais especializada. Estão sendo capturadas na construção de uma grande crença que não deve ser questionada. Isso é o que chamamos de ideologia. O cálculo que o poder faz sobre a vida enquanto a vida é linguagem e ação. A linguagem do computador e suas operações mais simples são requeridas por essa nova fase do trabalho digital, que podemos chamar de "autoescravização". Ultrapassamos a escravidão voluntária, somos capazes de pagar ao nosso escravizador.

Lembremo-nos de La Boétie em seu famoso *Discurso sobre a servidão voluntária*.[14] Pensamos no absurdo de uma servidão "voluntária", que se trate simplesmente de um paradoxo, um absurdo, uma imbecilidade, afinal, quem aceitaria ser escravo sem questionar? Infelizmente, é mais do que isso. Há uma dimensão de delírio nela que a permite permanecer de pé. La Boétie condenou a tirania como governo de um só sobre a maioria, e o fez, de certo modo, espantado com os submissos. Entre os motivos que levam à servidão voluntária, ele destaca o hábito, facilmente manipulado pelos tiranos. O hábito define o modo de ser ainda hoje. O subjugado, ou aquele que se habitua ao jugo, é também disciplinado a partir do que aprendeu, e se torna o fiel seguidor da verdade do jugo. Acostumamo-nos ao jugo como às mentiras, que na era da pós-verdade são mais fortes do que nós.

Sabemos, desde La Boétie, que não existe uma escravidão voluntária pura e simples. Qualquer escravidão conta sempre com a fragilidade do escravo. O escravizado é sempre de algum modo capturado, seja pela violência, seja pela sedução; ele se entrega, muitas vezes, por não ter conhecido nada de diferente. O escravo voluntário é análogo ao interno da colônia manicomial que foi parar ali porque se perdeu na vida, ficou sem família, sem lastro. Porque foi o que lhe sobrou. Faz o papel do "louco", do "alienado", sem ser um. E, trancado naquele habitat, dispensado de fazer uso da razão, bem como da irrazão, torna-se uma figura anulada, aniquilada em sua condição de ser da linguagem, um ser capaz de criar e inventar a vida em comunidade.

Na rede digital, nós somos os capturados, não somos apenas transformados em funcionários, como dizia Vilém Flusser.[15] Ela nos põe a "funcionar" de um determinado modo. Programa nosso cotidiano, nossa vida, nossos corpos, nossos gestos, nossos gostos e até mesmo nossos pensamentos. Nos leva a conhecer muitas coisas, mas nos faz agir irracionalmente, porque nos entregamos aos seus encantos e ordens sem pensar se teríamos mesmo que participar, ou se estamos sendo simplesmente seduzidos por ela. Anulou-se o limite entre usar e ser usado.

Servimos ao novo capitalismo, ou a esse novo ambiente capitalista, não mais como trabalhadores pagos, mesmo que mal pagos. Servimos no sentido antigo, como os servos em relação aos senhores de engenho, como escravizados serviam às casas-grandes, aos donos das terras, aos membros da nobreza antiga ou feudal, sempre aristocrática, sempre a cercar-se de corpos disponíveis para o trabalho sem direitos.

O trabalho dos escravos digitais robotizados é simples: curtir, compartilhar, enviar, comentar, postar, publicar, fotografar-se, apresentar a própria vida como conteúdo. São ações que escondem o esforço por trás de um simples clique, o ato digital. Tem que parecer que não custa nada, que cada um está apenas participando com seu tempo livre. Que é divertido, que é lazer, que não é trabalho, que não custa, que não faz mal e que, por fim, é importante. Para muita gente soa como uma avareza não se manifestar. Curtir, dar um *like*, se tornou uma obrigação na nova etiqueta desse segundo mundo onde nossos corpos espectrais agem por agir. Somos generosos com amigos que nem conhecemos, desenvolvemos simpatias e afetos virtuais. E sem o saber somos todos carteiros, mensageiros, jornaleiros, meninos de recado sem carteira assinada. Mas já aprendemos a fazer de graça, e para que reclamar se estamos aproveitando? Operamos na base que sustenta a máquina, que cresce à medida que consegue tornar o mundo binário. Servos digitais na forma de rebanhos à esquerda e à direita, acima ou abaixo, não precisam de muita qualificação para o serviço que prestam e, de quebra, têm seu narcisismo bem compensado. Ninguém quer ficar de fora.

O servo digital é aquele que está sempre a serviço. Duplamente explorado, ele compra o próprio jugo: o "aparelho" (se quisermos lembrar Flusser), o "dispositivo" (se quisermos lembrar Foucault). O robô que compra seu próprio *software*. Presos ao jugo, servimos a grandes senhores feudais, às corporações, que por meio da internet administram miudamente nossa vida, que tudo sabem sobre os hábitos de todos e que detêm nossos dados, que pagamos para manter nos cofres digitais, que são as chamadas "nuvens".

Diante do computador, produzimos duramente, mas devemos pensar que não estamos fazendo nada. Se antes éramos seres de pensamento e ação, se a relação entre teoria e prática sempre nos pareceu tensa, agora esses fatores foram eliminados. Operadoras de máquinas que não se movem, populações inteiras entregam-se a um ritual diário de alienação e esvaziamento de si, produzido em escala industrial e acessível a cada um nanotecnologicamente. E a sensação é de plenitude, algo que não conhecíamos antes.

Cabe-nos perguntar pelas novas condições de possibilidade da ação humana, já que o servo digital nasce entre a produtividade e o consumismo diante das telas que administram o desejo. Inertes, no trabalho alienado de nossos membros adoecidos por esforços repetitivos, já não contemplamos o mundo. O que pensamos dele? Basta-nos a paisagem digital exposta na forma de ofertas pipocando na tela. Enquanto isso, nossa alma, alimentada digitalmente, configura em nós uma outra natureza.

12. A urgência dos pensamentos razoáveis

É preciso agora voltar a falar da urgência de nos ligarmos aos argumentos racionais. Aos argumentos éticos e políticos voltados para a sobrevivência humana tomada como um valor. Gostaria de sugerir que retomemos a meditação e a reflexão sobre valores, como a razão e a capacidade de ter bom senso, tópicos bastante desconsiderados em nossa época de triunfo da prepotência. A filosofia acadêmica nos ensinou a desprezar coisas aparentemente simples como o bom senso, e é ele que nos falta hoje. Gostaria de sugerir que voltássemos a pensar em termos tais como sociedade, comunidade, em individualidade, para nos perguntar quem somos em meio às massas e às multidões. E mesmo tendo a singularidade como um excelente termo para definir que somos "únicos, especiais e lindos", como manda o narcisismo, gostaria de sugerir que questionássemos dialeticamente cada palavra, a fim de perceber a verdade e a falsidade do que nos é dado a falar e ouvir, ler e repetir.

Pensando na importância das ideias razoáveis, creio que neste momento seja realmente necessário considerar questões simples e óbvias, tais como que o mais delirante dos egoístas só sustenta sua sobrevivência mantendo algum grau de convivência ou de relação com os outros. Mesmo vivendo só, longe do contato humano, sem falar com ninguém, ele faz parte da sociedade humana, e será beneficiado ou prejudicado pelo que os outros fazem, fizeram ou farão.

Essa questão deixa de ser tão simples e tão óbvia quando nos damos conta de que a vida digital não apenas modificou as condições do egoísmo, mas as fortaleceu, uma vez que nos vendeu a ilusão de que estamos todos juntos, de que uma questão como o "egoísmo" deixou de ser importante. "Juntos", aliás, significaria o que exatamente? Em que condições estamos realmente juntos? Um bando de egoístas juntos tem conseguido, sem transcender o egoísmo, fundar corporações religiosas e outras mais voltadas à exploração pura e simples da fé do outro e de sua capacidade para o trabalho e a entrega. Nesse caso, o fato de que possamos estar "conectados" não significa que tenhamos superado o egoísmo. O delírio coletivo depende dessa reunião de individualidades que perderam a noção de si mesmas.

A meu ver, precisamos voltar a esses argumentos simples. Os processos mentais estão em pleno retrocesso, abrindo espaço para os delírios. Como os processos mentais se dão no meio ambiente da linguagem, é necessário que apuremos a linguagem, que nos preocupemos com ela, que façamos dela uma chave na luta por liberdade. Que cuidemos dela com atenção e respeito.

13. A força do delírio

Enquanto escrevo estas linhas observo o Brasil da "transição", do governo do golpe ao eleito democraticamente em nome do autoritarismo. E, quando vejo a ministra dos Direitos Humanos vivendo uma fantasia com Jesus Cristo pendurado em um pé de goiaba, acredito que este livro não pode ser deixado para depois.

É um fato que o delírio se fortaleceu. Desde que escrevi *Ridículo político*, publicado em 2017, no qual tentava mostrar como o ridículo havia sido capitalizado politicamente, ou seja, como os mais idiotizados e vergonhosos dos personagens políticos estavam crescendo e aparecendo (a prova material e histórica é a eleição de 2018). Desde então, percebo que conversar sobre o delírio é algo que se torna realmente urgente, antes que cheguemos ao limiar do qual não haverá retorno.

O delírio não é um capital político como o ridículo, mas aquilo que permite que exista o ridículo; enquanto o delírio é o cerne, o núcleo, o coração do poder, o ridículo é apenas a pele, a cara, a aparência que se pode manipular. No fundo do ridículo há, portanto, o delírio. Por isso, iniciativas políticas sérias, sejam campanhas, sejam leis ou atitudes que tratem a política a sério tendem a não dar em nada, enquanto a tendência dominante do ridículo, montado em um delírio do qual não se pode acordar a população, continuar a evoluir.

Está cada vez mais claro que o delírio tomou conta de corações e mentes. É da natureza do delírio nos deixar perplexos e, ao mesmo tempo, não permitir explicação alguma que valha para nós. Não é preciso ser especialista para reconhecer um delírio; ao mesmo tempo, não se pode fazer muito contra sua incrível força. A meu ver, isso se deve ao fato de que há algo de estranhamente dialético no delírio. Trata-se de uma racionalidade irracional e, ao mesmo tempo, ao contrário, de uma estranha irracionalidade racional. Quem se porta de modo muito racional, quem costuma respeitar leis e levar em conta o que é melhor para a sociedade como um todo, quem nunca viveu a experiência de uma autocontradição é capaz apenas de apontar espantado para o delírio, como quem diz: "Malucos são os outros." No entanto, o delírio avança e progride, acometendo cada vez mais gente, como se fosse uma postura emocional e mental contagiosa.

Nenhum delírio deveria ficar sem tratamento. E o melhor tratamento para delírios coletivos é a filosofia, a reflexão cuidadosa e ponderada com base em esforços conceituais. Não haverá cura sem tratamento, pois o delírio é um estado que se alimenta de uma crença. E crenças, quando não questionadas, tendem a se tornar cada vez mais fortes. Lembremo-nos de Kant e de seu medo da loucura, porque em sua época, assim como na nossa, a loucura andava junto ao obscurantismo. Por mais que Kant possa ser um pensador racionalista, e isso soe pejorativo neste momento histórico, em que a intuição está na moda, é importante que saibamos que ele escreveu sua obra em uma época que guarda semelhanças com a nossa.

É compreensível que Kant não tenha acordado para o corpo, que veio a ser um tema apenas nas filosofias de Nietzsche e Schopenhauer, porque ele estava ocupado em manter o valor da razão. E nós devemos perceber não apenas o valor da razão, depois justamente de todas as críticas que foram feitas a ela, mas também o valor da razoabilidade, das ideias e das formas de existir e de agir que são razoáveis, menos apaixonadas, que tendem a garantir o respeito como um sentimento ético a ser compartilhado.

Quem lê a *Crítica da razão pura* percebe que ele estava tentando valorizar a razão, exatamente como alguns tentam fazer hoje. A filosofia naquele século XVIII na Alemanha era uma forma de luta pelo conhecimento com a arma da razão, tão maltratada pelo obscurantismo religioso e moral. Essa modesta defesa do velho pensador iluminista, cuja obra já critiquei tanto, não quer dizer que eu não enxergue os limites das propostas de Kant. Mas não podemos ter dúvidas em relação à importância dessa luta que se renova hoje em nosso meio obscurantista e voltado ao fundamentalismo fortalecido diariamente por todo tipo de mistificação.

14. O delírio de poder e a fuga do sofrimento

O sujeito que delira vive de sua simples convicção sem provas. De sua "autoverdade". Assim como a pós-verdade, essa é uma forma de desconsiderar a verdade no sentido de algo que se busca e que implica estar sempre mergulhado na dúvida. Lembremo-nos da figura de Sócrates e seu "sei que nada sei". Podemos dizer que a frase de Sócrates implicava a noção de um ambiente de dúvida no qual se poderia encontrar a verdade. A verdade não era uma certeza, não era uma garantia, não estava dada. Portanto, não havia um possível dono da verdade, como muitos afirmam ser ainda hoje.

Quando o sujeito do delírio é o coletivo, quando se delira em massa, então podemos viver situações que parecem absurdas para quem está fora do delírio, mas que soam normais ou até necessárias para quem está dentro dele. Desse modo, é evidente que o delírio é um estado anti-hermenêutico; ele não admite distância para pensar. Ou seja, não se permite a dúvida quando se delira. É como se o delírio fosse um ambiente em que a dúvida não pode sobreviver. Ele é refratário a dúvidas, diferentemente do ambiente propício à verdade. Há uma imunidade a dúvidas no ambiente delirante. Ou se está dentro dele, ou se está fora. A frase "Brasil, ame-o ou deixe-o", um dos jargões da ditadura militar, era um convite justamente a estar dentro ou estar fora. Aceite o que está dado a você ou é o seu fim. Não haverá democracia, não partilharemos ideias, não encontraremos soluções justas para todos. O atual presidente da República Federativa do Brasil emite frases parecidas, convidando, no mesmo sentido, os incomodados com o delírio alheio a se retirarem.

O conceito de "ambiente delirante" é importante para entender os delírios coletivos, que acontecem em qualquer lugar propício a jogos de poder.

No entanto, delira-se nos lugares mais improváveis. Costumamos rir das cenas de êxtase em igrejas e templos quando não acreditamos na religião em questão, mas não rimos quando o delírio se dá em ambientes acadêmicos, se somos gente de Universidade, porque tendemos a ser condescendentes conosco nos atos irracionais. Sempre buscamos uma razão para os absurdos que cometemos.

Alguém, ao ler estas páginas, dirá que não se trata de delírio, senão do velho abuso de poder. Que a barbárie e a violência sempre existiram em nome do poder. E será uma observação parcialmente correta. É que tendemos a ver as coisas em separado. São hábitos mentais que vêm de teorias que enchem nossa cabeça há muito tempo. Há milênios. Hoje, depois da psicanálise, que nos ajudou a ampliar nossos horizontes levando em conta o inconsciente, depois de todas as filosofias voltadas para uma compreensão do corpo e da linguagem, talvez seja mais fácil conceber que nossas relações com o poder nunca são simplesmente racionais. Aliás, não há relação puramente racional com coisa nenhuma. Até mesmo a defesa da razão crítica que encontramos em Kant tem elementos emocionais que precisam ser levados em conta. Do mesmo modo, há emoções envolvidas na busca pelo poder e em qualquer outra relação que se possa ter com o poder. Há pessoas que amam o poder, há outras que o odeiam, há quem sinta necessidade dele, há quem acredite que é melhor compartilhá-lo, já que ele é inevitável. Há também aquelas pessoas para as quais o poder é indiferente. Essas em geral não causam problemas aos que desejam o poder.

O que quero colocar como questão em relação ao poder é, portanto, um pouco mais complexo. Não vejo necessidade de separarmos os aspectos mais emocionais e sentimentais, ou afetivos, dos aspectos mais ligados à razão. Já em Nietzsche encontramos argumentos para romper com o dualismo filosófico que separa alma e corpo, espírito e matéria, mente e linguagem. No delírio, esses opostos se enlaçam de um modo que fica realmente difícil entender o fenômeno. Nesse sentido, defendo que uma reflexão sobre o pensamento e as formas delirantes nos obriga a superar essa oposição e construir uma teoria capaz de dar conta do fenômeno que estamos experimentando.

Em minha abordagem ainda defendo que aquilo que chamamos de "poder" é, de certo modo, um delírio. Não se trata de uma forma de violência simplesmente; quando falamos de delírio, trata-se de um ambiente que promove e que sustenta muitas formas de violência. Nesse sentido, por exemplo, o machismo não é uma forma de violência, ele é o delírio que sustenta a violência. Que vantagem podemos aferir dessa colocação em cena do delírio? É que o delírio tem algo de incontestável, por isso vemos tantos machistas criando e sustentando-se por meio de argumentos toscos e falácias que só funcionam se há um consenso delirante em torno da ideia exposta. Por isso não podemos acreditar em consensos em política, senão naqueles muito provisórios, que se assemelham a tréguas nas lutas pelo poder.

A minha abordagem pauta-se em uma crítica ao poder que passa pela análise de sua compreensão, afinal, o que entendemos como poder define também o que faremos com ele. Na base de todo poder há algo de delirante. Entre poder e delírio não há diferença substancial, mas apenas modal. Todo delírio se confunde com algo da ordem do poder, por isso é tão difícil compreender um delírio e, portanto, encontrar a maneira de desmontá-lo. Muitas vezes não há como desmontá-lo. Quando Freud fala do delírio de Hanold em sua análise da Gradiva de Jensen,[16] ele o faz sobretudo para falar da transferência como uma forma de amor. E o que há de tão especial nesse "amor" de transferência? A transferência é uma espécie de amor curativo, nada fácil de realizar. Mas por que ele é tão difícil? Porque ele é um amor que exige uma capacidade especial, a de aceitar de algum modo o delírio, de reconhecer nele o grão de verdade, de que falava Freud. O grão de verdade que apresenta o inconsciente de forma consciente por meio de um deslocamento operado na linguagem. Por meio dessa aceitação, desse reconhecimento, o sujeito delirante é capaz de restabelecer sua relação com a realidade e, desse modo, reconstruir a confiança no mundo. Ora, quem delira só o faz porque a realidade não lhe inspira confiança, ela o amedronta, ela o faz sofrer. Por isso, é melhor procurar outro mundo no qual existir.

Devemos nos perguntar pelos motivos que levam alguém a entrar em delírio e não devemos jamais desconsiderar o possível sofrimento implicado nisso. Os sentimentos mais abjetos advêm de uma necessidade de apagar ou camuflar sofrimentos imensos, verdadeiramente insuportáveis. O medo é um bom exemplo. Pessoas corajosas aprendem a conviver com o medo, o superam, convivem com ele, negociam com ele. Encontram recursos psíquicos para sobreviver diante do medo. Há, contudo, muita gente que não o suporta. Que não é capaz de negociar com sua negatividade. O medo faz sofrer e é um dos fatores fundamentais na base de muitos delírios, talvez o combustível fundamental. Entre todos os sofrimentos, o medo é um dos mais desagradáveis, aquele que está na origem de todos os preconceitos, que são um processo mágico por meio do qual o indivíduo, ao tentar fazer os outros sofrerem, tenta, na verdade, expulsar o sofrimento que tem guardado dentro de si.

Nesse caso, cabe avaliar o que está sendo feito de nossa nação, de nossa sociedade, de nosso país, para que tenhamos chegado a tal estágio de sofrimento. Ora, além de tudo, o medo é o elemento fundamental da paranoia. Que muitos de nós estejam se tornando paranoicos é algo a cada dia mais absurdamente normal. Precisamos avaliar o que está acontecendo conosco e para onde estamos nos encaminhando. Não há qualquer garantia, mas é possível que essa pergunta nos faça mudar de rumo.

15. Incomunicabilidade

Pensei em escrever este livro usando metáforas nosológicas, porque durante todo o tempo em que venho me ocupando de estudar política e atuar na construção de teorias que desmistifiquem discursos e abram os olhos das pessoas. Durante todo o tempo que participei de atividades políticas, principalmente a mais grave delas, que foi a campanha eleitoral, percebi que havia muito sofrimento sendo vivenciado por muita gente dos mais diversos setores. É evidente que não quero dizer com isso que o sofrimento de quem faz política seja maior do que os das pessoas que não fazem. Não é isso. O que mais me marcou nessa experiência política foi o sofrimento que observei nos que lutam politicamente de algum modo e nos que simplesmente lutam pela sobrevivência quando não há condições para que ela se exerça. É verdade que vi alegria, mas ela sempre apareceu como uma prática da esperança. O sofrimento tem sido vencedor na luta por hegemonia, que caracteriza a política. O sofrimento dos que lutam é, contudo, muito diferente do sofrimento dos que deliram. Enquanto o primeiro se esconde atrás da alegria, de histórias de superação, de busca por justiça, o segundo se esconde atrás de uma grande confusão.

Um dos pontos importantes da abordagem sobre a prática política que devemos sempre considerar é justamente este: se a política é luta por hegemonia, como sustenta Chantal Mouffe,[17] essa luta por hegemonia não se dá apenas por meio de ideologias, de estratégias discursivas racionais, mas também por meio de afetos. Luta-se hoje para dominar os afetos das pessoas. O fator emocional não pode ser deixado de lado em uma época em que as populações, as pessoas em geral, são capazes de suportar violências sem par, devido aos níveis de sofrimento aos quais foram se acostumando.

O culto às emoções que vemos hoje nada mais é do que efeito de corpos desacostumados à sensibilidade.

Hoje o que está em jogo é a luta da compaixão contra o ódio, da gratidão contra a inveja, da alegria contra o sofrimento. A alegria é um afeto político, um verdadeiro motor da ação; no entanto, é o sofrimento que tem vencido, porque ele tem sido manipulado para os fins do poder.

O que quero ainda propor é que possamos avaliar o que a experiência com o poder é capaz de fazer com as pessoas. Convivi durante a campanha com pessoas que jamais riram ou sorriram. Penso nelas enquanto escrevo. Se serão capazes de sorrir agora, ao ler o que escrevi, se é que lerão. Vi semblantes mortos. Vi semblantes que se esforçavam por ser simpáticos, como se pudessem amenizar a dor do mundo com um sorriso convidando à esperança. Colecionei imagens de máscaras estampadas em rostos perdidos. Vi desesperos normalizados e infinitos pedidos de socorro silenciosos. A mudez foi um substrato de toda a comunicação e fez parte do sofrimento que não permitia que coisas boas acontecessem. A incomunicabilidade foi uma marca da minha experiência, ainda que houvesse sempre muita gente falando e muita gente pressupondo um saber sobre o que era política e sobre o que era fazer uma campanha. Isso me levou sempre a pensar e a dizer que precisamos conversar mais sobre política.

Ouvi muitas pessoas usando o conceito de "bolha", como se o problema fosse estarmos em uma bolha falando uns para os outros. Na verdade, em nosso próprio meio não chegamos a falar uns com os outros, e o conceito de bolha me parece o menos importante. É verdade que precisamos avançar em nossa capacidade de expor, de criar diálogo, e que devemos ampliar redes em nome do ativismo ou em nome da simples lucidez. Mas tendo a pensar que nosso esforço deveria ter dois vetores: o horizontal — avançar na comunicação —, mas também o vertical — avançar no conhecimento e no autoconhecimento. Nesse caso, nossos saberes mais profundos deveriam encontrar um ponto de comunicação na construção das lutas.

16. Entre virtudes e vícios

O encolhimento das consciências, junto às mistificações, constitui uma catástrofe social que precisamos conter com educação e cultura, e por isso, apesar do momento difícil, cabe escrever mais um livro e, por meio dele, manter viva a linguagem, o pensamento, a busca da verdade.

Ao mesmo tempo, vivemos em uma época em que é preciso falar muito diretamente. Talvez doses mais homeopáticas de Duchamp e mais volumosas de Goya, nem tanto Ionesco e mais Brecht. Penso que um livro como este, por exemplo, pode ajudar cidadãos e cidadãs em geral a se envolverem mais com política. Considerando que a política — seja por ação, seja por omissão — decide a vida das pessoas, a responsabilidade de cada um é o que há de mais urgente. E digo ao leitor: se você não se preocupar com política, os mesmos de sempre continuarão a abusar dela, fazendo de você mais um tonto ou uma tonta na horda dos "sem noção" que invadem redes sociais e, algumas vezes, ocupam as ruas em nome do que desconhecem. Fazer política com as próprias mãos pode ser perigoso.

A responsabilidade concreta está em cada ato político. E cada ato de linguagem é um ato político. Do artista visual que expõe suas pinturas em uma galeria ao artista de rua, do músico erudito ao popstar, do jornalista ao escritor, cada ato de linguagem é um ato político que contém em si o gérmen da emancipação ou da dominação. Escrever é um desses atos políticos, assim como pesquisar e ensinar. E daqui para a frente os impulsos éticos nessas ações vão contar cada vez mais.

Em tempos de caça a professores e pensadores, atos tão básicos como a produção de análises e críticas são ainda mais urgentes. Sobretudo em uma época de rebaixamento da linguagem aos aplicativos e redes sociais (como o demencial WhatsApp). Confiemos que a ciência, a consciência, a sabedoria, a pesquisa, o conhecimento, os saberes, hão de nos ajudar a sair dessa. Sinto-me no século XVIII ao escrever isso, e estamos apenas no Brasil da segunda década do século XXI, em pleno retrocesso para os séculos coloniais que pensávamos ter ultrapassado, ou em pleno retrocesso para a ditadura dos anos 1960 e 1970, que foi o nosso pesadelo.

Ora, envolver-se com o mundo da política, prestar atenção nela, estudá-la, comparar teorias e opiniões dá muito trabalho, mas é justamente esse trabalho do entendimento o primeiro ato político ao alcance de todos — ou de quase todos —, capaz de nos colocar em um bom caminho. Qualquer atuação que pretenda transformar a realidade depende de primeiro compreendê-la. E compreender é complexo, envolve a capacidade de analisar as nossas faculdades, razão e sentimentos. Em termos mais modernos, envolve a nossa capacidade de usar a linguagem como espelho dela mesma. Em palavras simples, a capacidade de ver a si mesmo de modo distanciado.

É claro que estou falando de uma pitada de metateoria em nossa cabeça, a capacidade de pensar em si mesmo e pensar na linguagem que nos usa, inclusive na fábrica de pensamentos prontos que tenta nos devorar diariamente. E que, muitas vezes, consegue. Assim é que nos tornamos presas de delírios coletivos, porque abandonamos nossa capacidade de entender a nós mesmos. Perdemos a distância necessária para entender o que desejamos e o que podemos pensar e compreender desse mundo tão estranho no qual estamos colocados magicamente uns junto dos outros.

A política é um ambiente que primeiro rompe com a noção da verdade. Desde a Grécia Antiga sabemos disso. Onde há jogos de poder, a verdade sempre é deixada de lado ou manipulada. Justamente por isso, a política se tornou para as pessoas em geral um lugar de falsidades, inconfiável e destrutivo. Afinal, um mundo viciado. E são esses vícios que garantem o poder. Eles são benéficos para o poder e, por isso, são sustentados. Quem leu Mandeville, *A fábula das abelhas*, há de se lembrar da tese básica de que são os vícios humanos, particulares de determinados sujeitos, que levam ao progresso do mundo. Lembremo-nos do subtítulo: *Vícios privados, virtudes públicas.*[18]

Mandeville, no entanto, escreveu seu livro no século XVIII, e não poderia imaginar que o vício chegaria a tal nível de degradação. O vício oculto, guardado, escondido, em uma palavra: privado, mudou de status em nossa cultura. Hoje não podemos mais falar apenas de egoísmo, de ânsia pelo poder ou pelo dinheiro, de perversões que antes se mantinham envergonhadas. Precisamos pensar nos vícios na era da pós-verdade, do desavergonhamento, ou seja, da ostentação do falso em um verdadeiro exibicionismo fálico.

A abjeção é o novo "falo", aquilo que se quer mostrar. Temos, portanto, que nos ocupar com o fascismo em sua forma tropical, com ameaças generalizadas aos direitos fundamentais das pessoas e à vida, com os neofundamentalismos que sequestram a saudável religiosidade humana. O vício é totalmente outro na era do cinismo, do descaramento sem pudor. Deixou de ser, portanto, uma questão privada. O que chamamos de "vícios", por oposição às "virtudes", está escancarado. Ao mesmo tempo, se pensarmos em aspectos éticos, é claro que as coisas não precisariam ser assim. Por isso, considero preferível seguir pensando a política como um mundo a construir. Não como um caso perdido. E, como não é possível construir esse mundo sem muita reflexão que nos livre dos vícios — e dos delírios —, sigamos com ela.

17. Alienistas e alienados

Há algum tempo, a política vem sendo demonizada, ou seja, tratada como o grande mal da nação. Já nos acostumamos com isso e sabemos que essa demonização é estratégica. Ela tem origem no interesse que têm nela os donos do poder econômico. Quanto menos gente na política, melhor para as elites que querem se aproveitar dela. Por isso mesmo, além de pensar e escrever sobre política, também resolvi participar mais diretamente. De um lado, no ativismo feminista, inevitável quando se faz teoria feminista; do outro, tentando experimentar a política a partir da luta cotidiana — e os partidos políticos me pareceram o lugar onde poderia fazer a experiência de modo mais imediato.

Os partidos são lugares que tendemos a achar abomináveis, mas essa abominação não me parecia produtiva. Era preciso conhecer a institucionalidade. Decidi estar neles para fazer a experiência. Entre os partidos, primeiro escolhi um que parecia ideal, e não era; depois escolhi outro que, para muita gente, era abominável, mas que me pareceu muito mais coerente com a minha busca.

É preciso fazer com que a política pareça abominável, torpe e suja para que as pessoas comuns, cidadãs e cidadãos em geral, se afastem dela. Assim como os partidos. O discurso da corrupção, por exemplo, corre solto entre nós com essa função. Há partidos com alto grau de corrupção que não sofrem por conta desse discurso; outros, menos graduados em termos de corrupção, sofrem muito mais. Certamente porque o que eles provocam no imaginário vai muito além da corrupção.

O discurso da corrupção foi disponibilizado publicitariamente sem que as pessoas, desacostumadas à análise crítica, pudessem desconfiar dele. Foi o discurso moralizante contra a corrupção que conquistou todos aqueles que gostariam de se associar de algum modo ao lado não corrupto da sociedade. Quando compramos um discurso pronto no mercado dos discursos — Igreja, televisão e redes sociais —, é, em geral, por motivos pessoais. Há, é verdade, um verdadeiro bombardeio de estímulos, como mostrou Christoph Türcke em seu livro *Sociedade excitada*,[19] sobre nossos sentidos para que venhamos a aderir a certas crenças, hábitos e formas de vida. O fato é que somos animais estimulados. Compra-se um discurso como se compra uma roupa, um carro, um alimento. Compra-se para experimentar, porque está na moda ou por puro consumismo.

Sobre esse consumismo da linguagem eu falei em *Como conversar com um fascista*. Ora, o discurso sempre vem bem embalado para viagem ou para presente. Comprando, por exemplo, o discurso moralizante dos donos do poder, as pessoas se submetem sem parar para pensar no modo como são usadas pelo sistema econômico. A Operação Lava Jato, com seus prisioneiros estratégicos, o impeachment de Dilma Rousseff e a prisão absurda de Lula são exemplos sobre os quais devemos nos debruçar e pensar. São práticas que não sobrevivem sem o discurso. Atingem dimensões delirantes. E só não estão acima da nossa capacidade de compreensão porque entendemos que há pessoas capazes de tudo pelo poder. Foram essas pessoas que denominei de "sujeitos delirantes".

O próprio poder é uma forma de delírio que submete o mundo à sua vontade. Mas o delírio também é uma forma de poder, devido ao seu caráter fechado, capaz de fazer o mundo ao redor girar em torno dele. Nenhum jogo de poder sobrevive sem um discurso bem colocado. O discurso é o tentáculo da máquina que captura o "alienável". Ao mesmo tempo, ele é uma forma padrão, aquilo que deve ser seguido sem discussão das macro às microescalas da vida. O discurso é o design do delírio, como um papel de parede que o corpo humano deveria mimetizar.[20] O discurso não apenas faz parte do delírio orquestrado, mas é a garantia de que haja delírio.

A análise desse interesse que os detentores do poder econômico têm na política pode nos ajudar a entender melhor o nosso país e os jogos de poder que pairam sobre a cabeça das pessoas, impedindo, por meio de diversas manipulações mentais, que elas mesmas se reconheçam como sujeitos políticos. Faz parte do delírio ideológico que a pessoa comum não reconheça sua condição política. Ao mesmo tempo, a política deve parecer um delírio do qual o cidadão comum não deve se aproximar. A pessoa comum deve acreditar que é preciso estar a salvo disso.

Só a política poderia defender o planeta do projeto econômico que tudo quer devorar, mas o poder político está nas mãos dos mesmos grupos e corporações que detêm o poder econômico. A ideologia serve justamente para garantir o delírio, porque o acoberta. E isso porque ela se apresenta como uma cortina contra a verdade. Contra a verdade do próprio delírio, que, reconhecida, tende a liberar o sujeito delirante.

Para esses donos dos poderes, o povo não deve se envolver. Deve ser mantido longe, desinteressado e alienado. Alienação, como mencionei, é um termo dos mais interessantes para entender o delírio. Em nossa língua portuguesa, "alienado" é aquele que é retirado da sociedade em função de sua incapacidade mental. Quem estudou em escolas brasileiras sabe que "O alienista", de Machado de Assis, é um dos principais contos da nossa literatura. Além do primor analítico da pré-história da luta antimanicomial, crítica ao sistema das internações, "O alienista" é um escancaramento do ridículo dos que se consideram donos da verdade. No conto, o alienista, dr. Simão Bacamarte, vivia uma espécie de delírio ao pensar que estavam todos loucos e que, por isso, deviam ser todos internados. Ao ver loucura em tudo, ele percebeu, em um lampejo de lucidez, que o único louco de fato era ele mesmo. E deu a prova de que não é a hegemonia que garante a verdade.

18. Ser ou não ser: o desafio da política

Estou me estendendo nas reflexões e ainda não contei quase nada sobre a candidatura, nem sobre o processo da campanha, nem sobre a derrota e a vida após a derrota. É cedo, o livro está apenas no começo. Enquanto eu o escrevia, lia com atenção *Memórias do cárcere*, de Graciliano Ramos, lia aproveitando cada detalhe, tentando entender o que Graciliano pretendia com suas memórias. E como ele tinha memórias!

A epígrafe deste livro serve para homenagear o escritor alagoano, mas também para tentar dialogar com ele, porque, a meu ver, ele contou o que mais importava, sem jamais precisar colocar teses; ele mostrou que a política séria, contra a dominação, em nome do povo, já era crime havia muito tempo, desde sua época. Ao escrever este livro, me sinto amparada nas palavras de Graciliano.

Durante todo o tempo da campanha, pensei no conteúdo de dever do que eu estava me propondo a fazer. A forma eu desconhecia. O conteúdo era bastante bruto para mim. Uma pedra a ser lapidada. Esse desconhecimento do processo da campanha, do todo e das partes, dos detalhes e das minúcias, da estratégia e da tática, não me parecia ser um problema da candidata que me propus a ser por uns dias.

Ser candidata é uma posição temporária, uma posição em si mesma fantasmagórica. Ou você se torna um político com seu cargo devido, ou você se torna um derrotado e, com sorte, volta à sua vida normal. O caráter espectral, passageiro, incomoda, causa constrangimentos e implica preços a pagar. Por isso, a maioria das pessoas comuns como eu, pessoas que têm sua profissão, sua vida, não se dispõe a algo desse tipo. Há sempre um preço muito caro a pagar.

Uma campanha é uma ação publicitária. Eu queria que fosse mais do que isso. Algumas vezes fui cobrada pelos defeitos da campanha, e cheguei a acreditar que tinha responsabilidade pelos erros em geral. Mas o fato é que eu estava me esforçando muito para desempenhar o papel da candidata. Às vezes, nos esforçamos em um trabalho, em uma relação, em uma condição, tal como a de ser mãe ou pai. Às vezes, o esforço é o de ser candidata.

Eu desconhecia esse papel e, a rigor, jamais tinha pensado que fosse um papel. Antes pensava que, a quem se candidata, bastaria ser ele mesmo ou ela mesma. Esse era o conselho de Lula. Que eu fosse eu mesma. Eu, que sempre me questionei sobre a imagem que temos de nós mesmos e que, contra a ideia geral de que devemos conhecer a nós mesmos, acredito na verdade de que, em um sentido real, ninguém conhece a si mesmo, estive todo o tempo pensando no sentimento de inadequação que me tomou durante a campanha. E, por isso mesmo, me parecia ainda mais importante levá-la adiante.

Investi na inadequação como um sentimento que não deveria ser negado. Quem se sentiria adequado naquele lugar? Apenas os "profissionais". Quando não conseguimos entender o que é o poder e como ele funciona, porque ele nos soa sofrido e pesado, parece mais fácil viver longe dele. Carregamos a política como se ela fosse um fardo do qual queremos nos livrar, mas pouco fazemos para que ela não precise ser assim.

Não seria esse o sentimento que cada um de nós tem em relação à política? O sentimento de uma criança que, diante dos desafios, se sente pequena? O sentimento de quem, sendo obrigado a responsabilidades consideráveis no âmbito de uma vida qualquer, privada e particular, se sente inapto para assumir responsabilidades coletivas? Ao mesmo tempo, não mascaramos nosso medo da política fingindo horror, raiva ou nojo dela? Como se a política fosse algo em si e não uma construção humana? Não fugimos dela justamente por nos sentirmos impotentes, infantis, despreparados? Afinal, que escola, quais famílias e contextos nos ajudaram a entender a política e a transformá-la na instituição capaz de defender a cidadania como precisamos defender hoje?

Eu era inadequada; ao mesmo tempo, quis desafiar esses sentimentos de impotência e inabilidade em mim. Por isso, aceitei a ideia de me candidatar, apesar de todo o medo envolvido no empreendimento. E como nada na vida se dá nas melhores condições para quem presta atenção aos acontecimentos, eu segui certa de que era o melhor a fazer naquele momento.

19. A intrusa

Uma candidatura experimental. É essa expressão um pouco estranha que me vem à mente agora, quando penso no que vivi. No que vivemos, afinal, éramos eu e muita gente. A expressão pede explicação, antes que alguém pense que se tratou de uma simples aventura. Não era uma simples aventura, mas também não era casamento — posso definir assim. E, a meu ver, nunca deveria ser, pois essa estrutura definitiva, em se tratando de democracia, de uma sociedade plural, deveria ser infinitamente mais aberta.

A justificativa sobre a minha candidatura ocupou um bom tempo. Um dos principais motivos é que ela nasceu de um atropelo. Eu ocupava o lugar de alguém que deveria estar ali, mas que, por algum motivo não estava. Fosse o candidato original uma pessoa maravilhosa chamada Celso Amorim, que desistiu do posto que lhe seria próprio, fossem os outros que, em disputas internas quase inexistentes, almejavam aquele lugar. Nesse sentido, a condição de intrusa foi a minha o tempo todo. Para muita gente do partido, para os simpatizantes, para diversos grupos, eu não era alguém que fizesse sentido naquele lugar de candidata. Lembro-me de uma reunião na minha casa em que dei a notícia a várias pessoas, para que pudéssemos pensar juntos. Eu não estava simplesmente entre amigos e queria, na verdade, trocar ideias sobre um governo diferente e transformador.

O incômodo foi explícito. Rumores, olhares. Um sujeito, que chegou muito atrasado, perguntou: "Por que você?" Eu, na ingenuidade que espero superar, me ocupei em explicar, embora já tivesse feito uma longa preleção sobre o lugar de onde vim e sobre por que estava ali.

Somente depois percebi que eu estava sugerindo algo por demais estranho para ser compreendido. A minha presença era estranha demais, considerando os hábitos políticos. Não fazia parte do mundo político e do território onde exercitamos nossos hábitos mentais que alguém como eu, uma cidadã qualquer, estivesse onde estava. As minhas credenciais não eram suficientes.

Essa condição, a da intrusa, é, a meu ver, a metonímia que nos ajuda a entender o que se passa na política como um todo. Qualquer cidadão que queira fazer política e simplesmente se aproxime do ambiente será tratado como um intruso, um penetra na festa para a qual ele não foi convidado. Eu fui convidada, e apenas isso amenizava o incômodo com a minha presença.

Alguém que não tenha se sentido incomodado com essa presença deve se perguntar agora sobre o que eu exponho aqui, deve pensar que o meu discurso não faz tanto sentido. Mas essa pessoa é certamente um caso raro, a ser analisado por sua capacidade de abertura à diferença. Certamente é alguém que sabe aproveitar beneficamente a estranheza.

Mesmo entre os amigos ou os mais próximos, nem sempre a notícia foi recebida como algo bom. Tive um amigo, um sujeito muito bacana, cuja principal característica é o fato de ser uma ótima pessoa — e, talvez, também o de se considerar a melhor pessoa do mundo —, que se revelou como esse sujeito da estranheza.

A dúvida que o outro nos coloca é sempre importante. Mas não se trata disso no caso que vou contar. Muitas vezes, perdemos a capacidade de estar no mundo simplesmente sem pressupor ser o centro dele. Devemos estar abertos ao olhar do outro, mesmo quando ele não nos favorece. Assim evitamos o narcisismo. A capacidade da humildade muitas vezes é abandonada por medo de que se transforme em auto-humilhação. Digo isso de antemão, já pressupondo as condições que o levaram a me revelar que não tinha votado em mim porque não desejava isso para minha vida.

Mas ele sabia que eu não tinha chance de vencer. Certamente, suas intenções eram as melhores. Teria ele esquecido que o direito de decidir sobre a própria vida cabe a cada um? Aos amigos cabe alertar, incentivar, criticar. Não tenho por que agradecer o seu gesto. É compreensível que as pessoas tenham uma relação ressentida com a política, e que ele tenha transferido isso para mim. Mas é heroico que sejamos capazes de superar isso; assim atingimos a maioridade política que, a meu ver, nos falta, no Brasil e no mundo.

Antes, esse mesmo amigo dizia estar do meu lado. Não conseguiu seguir até o fim, como tantos outros não conseguiram, pelos mais variados e honestos motivos. Mas vi nessa necessidade de me falar do seu gesto, de expor orgulhosamente sua postura, uma total incapacidade de respeitar a causa alheia e de considerá-la importante, apenas porque essa causa era a política. Por trás disso, uma falta de abertura para a experiência, que implica sempre algo de aventura, da capacidade de ir a outro mundo, a outra cultura, de estar disponível.

Para mim, ter participado dessa maneira tem muito dessa dimensão. De um gesto poético-político. Por mais prática que eu tente ser, todos os meus gestos são marcados pela ideia de que a vida, enquanto pode ser vivida, é uma experiência de abertura ao mundo. Mesmo estando na vitrine da vida, exposta como uma mercadoria no mercado das escolhas políticas, sobretudo considerando os tempos inóspitos em que vivemos, e tendo em vista que a própria exposição é em si uma experiência das mais desagradáveis, não podemos ficar nisso. Uma campanha em uma disputa eleitoral não se reduz ao ônus pessoal inevitável, sobretudo quando a política é desvalorizada como está sendo.

É verdade que o cenário é de aridez, mas essa aridez não é total. Há beleza nesse processo. Há humanidade. E se é um fato que a desvalorização da política advém dos jogos de poder, fruto de toda a destruição da ética que deveria servir de parâmetro para a política, é verdade também que a naturalização da política como uma instância abjeta precisa ser superada.

A falta de poética para enfrentá-la é um dos problemas que atrapalha a felicidade humana na esfera da política, assim como na vida.

20. As mulheres sempre se justificam

Lendo as motivações de Rose Marie Muraro em seu livro *Os seis meses em que fui homem*, período em que foi candidata na intenção de fazer parte da Constituinte de 1988, meditei bastante sobre o que significa ser mulher na política e concluí que não mudou muita coisa desde aquela época até hoje. Pois este livro também foi escrito com a intenção de que mais mulheres se inspirem e avancem na ocupação dos espaços da política. Precisamos falar seriamente sobre isso, porque embora as mulheres devam fazer parte da política, saio dessa experiência convicta de que poder é algo que não tem nada a ver com as mulheres. Nós vivemos de ocupar, mas não de atuar.

Assim como me vejo a justificar meu livro, tive que justificar minha candidatura muitas vezes. O que me obriga a pensar que existem atos um tanto inocentes, como escrever um livro ou assumir uma candidatura, que são marcados por uma espécie de injustificabilidade original. É como se o cidadão comum não tivesse esse direito. Ou seria "a cidadã comum"? A ideia de um "direito" esconde a questão maior do dever que, se pensamos de um ponto de vista histórico, às vezes pode nos ser exigido. Entrei nessa história por causa desse profundo senso de dever, que ia muito além da minha simples moral particular, mas também porque queria olhar a história mais de perto. Não poderia ser diferente naquele momento, nem agora.

Como a política é um território historicamente ocupado pelos homens, uma mulher que se faça presente nesse campo será sempre marcada por uma profunda misoginia. Ela será vista em sua diferença, e essa diferença fará todos acreditarem que ela não leva jeito para a coisa. Esse aspecto, o de gênero, deve necessariamente entrar no cálculo no momento dessa justificação.

Embora este não seja um livro sobre gênero, e ainda que essa temática seja transversal a qualquer livro, é fundamental não esquecer que gênero é uma questão essencial para o todo da política e para o destino da democracia. E que poder tem a ver com gênero. E embora este livro também não seja um livro sobre sua própria justificação, não posso esquecer Simone de Beauvoir dizendo que uma mulher sempre tem que se justificar em uma sociedade patriarcal, que em tudo duvida dela.

Beauvoir e Muraro não teriam publicado seus livros sem insistir na justificação, como quem fundamenta um ato diante de imbecis — ou seriam apenas pessoas conservadoras incapazes de olhar para as novidades da vida, que não conseguem compreender um direito óbvio? Assim como um dia as mulheres lutaram para votar, hoje elas lutam para se candidatar. E não é uma luta fácil.

Se pudesse simplesmente dizer que o poder é um lance do patriarcado, eu resumiria muita coisa, mas infelizmente o patriarcado requer sempre exposição e explicação didática. Cada vez que uma mulher "invade" um território dominado por homens, ela precisa justificar a sua "intrusão", senão corre riscos, que vão desde ser alvo de mentiras até o silenciamento e o apagamento. Mesmo nos ambientes de esquerda. É como se o poder fosse um doce, e os homens o quisessem só para si.

Isso me faz lembrar de Luiza Erundina chamando as mulheres à disputa eleitoral, a desmistificar a ideia de que o poder corrompe: "O poder é bom, se não fosse bom os homens não estariam lá." Esse é um jeito particularmente interessante de entender a questão, e eu mesma sempre preferi pensar, mais com Hannah Arendt do que com Foucault, que o poder é a ação conjunta, e que pode ser bom ou ser mau conforme o que se pretende com a ação que o move. Há certa verdade nisso; há algo no poder que implica sempre tomá-lo e fazer algo a partir dele.

Por outro lado, é realmente Foucault quem tem razão: o poder é um dispositivo que tudo arrasta. E as mulheres não se entendem bem com ele porque, de fato, trata-se simplesmente de um assunto de homens, por um acordo ancestral que vem com a subjetivação masculina. É como se os homens vivessem uma espécie de autorização prévia ao poder que é proibida às mulheres. Por isso, as mulheres têm vivido seus processos de "empoderamento" de maneira complexa, sempre em um embate com isso que se parece "coisa de homens", feita por eles para eles mesmos.

Buscarei justificar essa ideia reunindo questões psicanalíticas e filosóficas que nos permitam entender o poder como um processo que nega a vida da diferença. Daí a necessidade de justificação por parte daquelas pessoas que não estão de antemão privilegiadas por sua marca. As minorias políticas todas não se relacionam com a política porque são impedidas por um tipo de ação, de instituição, de estrutura a que chamamos de poder.

O poder implica marca. Há os que são marcados por ele como marca de nascença, a marca de um privilégio que todo homem tem ao nascer como homem. Claro, podem-se acumular privilégios sobre privilégios. Os privilégios, no entanto, não são poder por si sós. No mundo patriarcal é necessário que um homem tenha privilégios; um homem praticamente se confunde com os privilégios que tem. Daí que as oligarquias estejam sempre atreladas ao mais arcaico do poder: *pater potestas*. Nesse caso, o poder é um destino que se trata apenas de fruir. As dinastias, as famílias, os coronéis e seus filhos estão aí para provar isso. Há outros tantos que são apenas manchados pelo poder. Sobrevivem na ambivalência. São os mestiços, que misturam em si mesmos o sangue real com o sangue das vítimas. Brasileiros, cuja "ancestralidade" é marcada pelos europeus que vieram estuprar as mulheres que aqui viviam e matar quem não quisesse obedecer, são manchados pelo poder. Carregam o sangue do pai opressor. Carregam o sangue dos assassinos nas veias. Ao mesmo tempo, têm na pele os respingos do sangue das vítimas com as quais os coronéis mantiveram seu lugar intacto. Não haveria poder de uns sem o sangue derramado de outros. Sem a escravidão, a tortura, a exploração e a dominação. Manchados, podem até ser favorecidos por ele, mas, de modo geral, são suas próximas vítimas.

21. Falta de poesia e outros clamores

A falta de poesia é realmente um problema. Por falta de poesia me refiro a essa visão amargurada, um tanto difícil de conter quando se trata de política e de relações humanas mediadas pelo poder. Não estou clamando por superação nesse campo tão maltratado, nem tentando amenizar os efeitos danosos que esse lugar causa às pessoas, ao contrário. Estou clamando por atenção e cuidado na esfera de todas as lutas, inclusive a da decidibilidade sobre a vida em comum, que é a política. O que eu peço é atenção, porque a atenção produz consciência.

Aqueles que se situam psicologicamente à esquerda podem ter melhores intenções e, no uso do poder, medir melhor as consequências de suas atitudes, justamente porque têm consciência.

Não vou usar o termo "consciência" em um sentido genérico; vou conceituá-la antes de seguir. "Consciência" é um termo perigoso, pois quem não tem consciência alguma, mas está articulado com a ordem do discurso e com o poder, é capaz de usar essa palavra apenas para destruir seu sentido. (Acontece o mesmo com o uso indevido da palavra "democracia".) Lembro-me sempre do conceito de "contraconsciência", usado por Mészáros[21] como oposto da "falsa consciência", que é, na verdade, a ideologia. Usarei aqui o termo consciência no sentido daquilo que é oposto ao inconsciente. Consciência diz respeito àquilo sobre o que podemos falar. Inconsciente é aquilo sobre o que não se pode falar, mas que tantas vezes nos escapa e fala sozinho, fala por si mesmo. É aquilo no que estamos mergulhados, que nos constrói e que não podemos ver. Consciência é aquilo que nos faz saber mais e, nesse processo, tende a nos emancipar, assim como aos demais que conosco partilham a consciência.

Eu poderia pedir mais, pedir outra coisa, pedir tudo. Peço apenas atenção. A política é o espaço onde justamente colocamos os nossos clamores para além de meros discursos. No âmbito da política clamamos por algo, sempre pedimos alguma coisa a alguém. Ativistas pedem direitos, cidadãos pedem o atendimento de suas necessidades, candidatos pedem votos; no fundo, o que uns pedem aos outros é que se responsabilizem por aquilo que nenhum deles pode fazer sozinho.

As pessoas mais simples têm uma exata medida desse lugar do clamor. É a expectativa, ou a crença, de que o outro fará o que não faremos que chamamos de "poder". Esse clamor, esse pedido, revela a confiança como uma qualidade da vida política, mas confiamos na coisa errada, pois o poder é justamente o elemento inconfiável em uma pessoa.

A maioria das pessoas que conheci mais de perto fazendo política se revelou para mim por meio de sua relação com o poder. Conheci os muito poderosos, os pequeno-poderosos — que são análogos aos pequeno-burgueses e vivem do poder e do pequeno-poder — e também as vítimas do "poderzinho" — que vivem fascinadas consigo mesmas. Sentem-se gigantes quando não têm nem mesmo centímetros.

Conheci também aquelas pessoas que, tendo muito poder e ameaçadas de perdê-lo em algum momento, entram em estado de desespero e passam a fazer qualquer coisa para que isso não aconteça. Quando os fins justificam os meios, acabou a relação entre ética e política, essa relação frágil a ser recriada a cada gesto. Nesse ponto, quando se desesperam, creio que as pessoas se tornam iguais, sejam de esquerda, de extrema esquerda, de centro-esquerda ou de direita. Precisam fazer uso da esperteza quando perdem poder, e costumam se dar mal.

Líderes cariocas e brasileiros, mais famosos ou menos famosos, mais habituais ou menos habituais nos meios de comunicação, são marcados profundamente pela matéria abjeta do poder. Vi alguns agindo desesperadamente quando se viam ameaçados pelos mais diversos motivos. Eu os vi jogarem com o poder contra tudo e contra todos, mesmo que estivessem filiados aos partidos mais moralistas. O poder leva ao delírio e ao desespero, e seus efeitos não deixam de fazer parte disso.

No estado de desespero, a poesia não é realmente possível. Esse meu modo de ver a política, ou esse desejo de ver na política mais uma potencialidade do que o simples poder com o qual se joga, não é apenas poético — no sentido de estar modelado por uma percepção ocupada do lado complexo e invisível das coisas, daquilo que nos implica nos fenômenos —, mas também trágico.

Pois há, apesar da miséria dos jogos, um caráter trágico na política. Penso aqui no gesto complexo de uma das personagens mais importantes do nosso inconsciente político: Antígona. Há algo de paradigmático em Antígona que nos serve para pensar a política ainda hoje. Ela clamava por um direito, o de enterrar seu irmão morto. Havia as leis da pólis, as leis públicas, e havia as leis familiares, leis privadas. Antígona não suportava aceitar ordens de um Estado que, para ela, era injusto. Lutou contra um tirano que pensava ser dono da coisa pública e também do sentido íntimo e privado da vida. Fez justiça com as próprias mãos ao enterrar Polinices e acabou sendo punida.

Um detalhe importante quando pensamos em Antígona e em sua posição soberana e indobrável é que ela preferiu a punição à redenção. Não lhe interessava o jogo do poder. Ela não estava interessada em uma posição, não queria o poder. E por que preferiu isso? Porque havia de tal modo se misturado à sua causa que já não podia viver sem ela; chegou ao limite de si mesma com sua luta. O que ela pedia? O que ela exigia? O que ela fez? Há uma sequência de atos nessa tragédia grega que nos ensina muito sobre as relações de poder e sobre o sentido das lutas. Antígona nos ensina que é preciso ir até o fim e que não se pode jogar com o poder quando, na vida, se espera mais do que isso.

O poder é a causa de toda a amargura política que precisamos superar. Seja o poder que desejamos ter pessoalmente, seja aquele que esperamos exercer com os outros ou sobre os outros. A minha experiência de campanha me ajudou a ver melhor as pessoas sinalizadas pela marca do poder. É que a campanha é uma espécie de tubo de ensaio. Uma lente que tudo aumenta. O poder, por sua vez, é uma espécie de filtro que tudo distorce, é um deformador natural do caráter. Um veneno. É o poder que, ao atravessar nossas falas e perspectivas, nos distancia da poesia, da felicidade e da vida. É ele que, como um eixo, orienta o que se diz e o que se faz. É ele que destrói a verdade.

Nem sempre pensei assim sobre o poder; por muito tempo considerei que ele precisava ser desmistificado. Continuo pensando assim e considerando que, mesmo que o utilizemos da melhor maneira, ele precisa ser sempre recolocado em seu lugar miserável. E os políticos que dele dependem para estar em sociedade devem se sentir muito mal na profundidade de sua existência igualmente miserável.

22. Sem pecado nem culpa, um experimento radical

Vamos seguir lendo este livro sem pecado e sem culpa, ou seja, vamos evitar, ao ler, fantasiar sobre nomes e pessoas concretas. Não revelarei ninguém, até porque não será necessário; os exemplos que trago são todos de pessoas estereotipadas, o que faz com que sirvam apenas de exemplo. Também continuarei a escrever sem culpa alguma.

Não vou culpar ninguém, prometo. Em tempos em que culpar os outros é um prazer maior do que todos, prometo que não culparei. E nestes tempos em que julgar é um prazer descomunal, imenso, prometo que não julgarei. Mas não deixarei de julgar para virar ministra da Justiça (desculpem a piada). Vou me esforçar, como sempre, para acordar os sonâmbulos de seu sono dogmático, apenas descrevendo cenas e situações e refletindo sobre elas. Meu interesse é a reflexão, e plantar a semente do discernimento nesse mundo delirante é a minha pequena alegria de viver.

Estou aqui disposta a pensar o destino humano em relação à democracia. Temos que construí-la. A democracia não está dada, e também não é uma conquista. Não consigo usar esta palavra, "conquista", sem pensar em coisas ruins como abusos e opressões cheios de sofrimento e disfarçados de sedução. A ideia de conquista está ligada a antigos invasores de territórios e sedutores de mulheres. Prefiro a ideia de "construção".

A democracia que desejamos há de ser construída por nós mesmos. Assim como a política. Para isso, precisamos abandonar a ideia de que a política está aí como é, de uma maneira essencial ou natural. É preciso usar mais a categoria da transformação. As palavras carregam conceitos e moldam ações, por isso, precisamos prestar atenção e cuidar muito delas. Isso também é um clamor que faço, como pensadora e como escritora.

Era isso o que pretendia quando me candidatei. Digamos que minha candidatura tivesse algo de experimental. Expressão perigosa, que pode levar a mal-entendidos, mesmo assim, ouso usá-la, porque a ação da candidatura também se deu em um momento perigoso, que continua sendo perigoso; o momento em que a democracia, assim como a vida, esteve, e continua, ameaçada. A periculosidade da expressão me faz lembrar do uso que Charles Feitosa fez do termo "esporte radical" para definir a filosofia. O meu experimento tinha algo de radical. E, porque é disso justamente que se trata, valeu a pena. Assim como vale a pena viver, vale a pena arriscar-se em determinadas ações que nos enchem o espírito de sentido, de simbolismo, de fé e esperança. Um esporte radical não é mesmo uma simples aventura. Ele é o alcance imediato e direto do espírito da vida, do que significa viver. Quem se dedica a um deles sabe do que estou falando. Combinação de entrega e cuidado, é o salto mortal do qual você espera voltar vivo. E, no entanto, se trata sempre de um experimento que pode levar ao contrário.

Lembro-me de um debate em que Laerte, ao ser indagada sobre ser a mulher que ela é, disse: "Eu sou uma 'mulher experimental'." Evidentemente, ela não queria dizer que estava entregue a um ato de inconsequência, ou sem maiores consequências. Ela parecia querer dizer que estava colocada naquela espécie de "devir mulher" de que tantos filósofos falam em um mundo machista. Que ela estava "sendo". Que vivia algo de diferente em relação ao ser mulher ou ao que se esperava de uma mulher. Que carregava em si um outro modo de ser mulher. Que fazia algo muito novo, algo que se dava à sua maneira, embora fizesse o que muita gente faz: mudar de roupa, de hábitos e, assim, mudar de gênero.

Foi nesse sentido que pensei ser uma candidata experimental. Entre ser uma cidadã e uma política profissional acostumada às burocracias e aos jogos de poder, eu era uma candidata de algum modo diferente. E isso atrapalhava alguma coisa na vida de quem já estava ali havia mais tempo.

Talvez o meu experimento despertasse alguma coisa nas pessoas. Certamente, ódio, vide os inimigos invejosos e *haters*, mas também amor, vide os idealistas, apoiadores e fãs. Eu queria simplesmente dizer que pessoas como nós devem ocupar os espaços de poder. E quando penso em pessoas como nós, não posso deixar de lembrar de Darcy Ribeiro e, antes, de Graciliano Ramos, que, afinal, viviam de escrever livros.

23. Da teatralidade impossível à canastrice

Durante a candidatura pensei constantemente em duas figuras históricas: Platão e Diógenes. O defensor do diálogo e o praticante da "parrésia", a paciência da escuta e a prática da crítica radical, do dizer sem concessões que se expressa sem medo eram os polos do pêndulo que eu tinha me tornado. Sobrevivi entre um e outro. Mas sobrevivi porque fui tomada de um silêncio interior profundo, aquele que nos acompanha nos momentos da vida em que devemos nos dedicar a observar. Eu queria saber. E testemunhei algumas coisas que fazem valer o esforço de escrever agora.

No meio da campanha, era claro para mim que havia um esforço coletivo de tentar. E uma sensação muito clara de que as pessoas em geral, ao mesmo tempo, não acreditavam na minha candidatura. A pergunta "Por que você?" surgiu várias vezes. Algumas vezes, ao olhar para os meus adversários, homens tão grotescos, tão ultrapassados, tão desinteressantes, para dizer o mínimo, pensei no motivo pelo qual a minha presença não empolgava. Se alguns perguntavam "Por que você?" para mim, eu queria perguntar "Por que você?" para eles. Pergunto-me, aliás, se algum entre os candidatos existentes de fato "empolgava".

Sobre a palavra "empolgar", preciso contar um detalhe. É uma palavra engraçada, que veio parar no meu vocabulário depois que uma companheira, mais de dez anos mais jovem do que eu, usou-a para se referir a mim. Essa companheira era uma pessoa que diziam ter inveja da própria sombra; eu sempre gostei dela, porque gosto das pessoas ressentidas. É uma característica minha. Mesmo quando essas pessoas falam mal de mim, mesmo quando me traem, mesmo quando querem o meu mal, de algum modo elas me fascinam. Embora eu não goste de conviver com elas, gosto de observá-

-las, de ouvi-las, são as melhores figuras nas quais se inspirar para criar personagens e escrever contos e romances. São melhores do que as pessoas chatas, são mais ricas subjetivamente.

Apenas quando ela usou seu cargo de "dirigente" para me "rebaixar" perante si mesma, consegui perceber que ela também era vítima da doença dos jogos de poder. Havia uma tristeza em seu ser, e essa tristeza me unia a ela, mas, ao mesmo tempo, essa mesma tristeza apodrecia e se transformava em miséria do espírito. Por não suportar o cheiro resultante, acabei me afastando. Ninguém está livre disso.

Mas mesmo essa pessoa, por mais massacrada que tenha sido na burocracia partidária, ganhando um salário miserável, não tinha perdido o seu idealismo. Mesmo sendo politicamente incompetente, como muitos, não deixava de ser idealista. É provável que estivesse ali apenas por isso, e porque a vida nem sempre nos dá melhores oportunidades. As pessoas que ainda fazem política ou estão sendo favorecidas, ou são apenas idealistas. Também é possível observar as duas coisas ao mesmo tempo. Cada um de nós é vítima da própria história e da história ao nosso redor, mas sobretudo é vítima de si mesmo e da ação dos inimigos.

Sempre tive vontade de perguntar até onde são capazes de ir as pessoas que fazem política apenas por poder. Matam? Vendem a mãe? Aos demais, resta escolher entre a sensação de que é possível agir e melhorar o mundo e a sensação oposta, a de estar em um lugar onde não se pode fazer nada; entre a ideia de que a política é a construção do comum sem o qual não há vida humana e a ideia oposta, de que a política realmente foi reduzida à publicidade e à burocracia. E é aqui que estamos nós, escritora e leitores deste livro sobre assuntos tão sisudos e difíceis de discernir.

Embora ser diferente fosse realmente um problema, eu não era tão diferente assim. Sem ter vários dos requisitos para ocupar aquele espaço, o posto de candidata, talvez eu até tivesse outros que pudessem ajudar a transformar a coisa mesma da qual eu me propunha a participar. De fato, eu estava ali tentando ser eu mesma, mas muito longe de ser simplesmente eu mesma. Isso não bastava de modo algum. Para que eu pudesse ser eu mesma e ainda vencer a eleição, o mundo teria que ser outro. Eu e a coisa toda da candidatura, que não é a coisa toda da política, não combinávamos.

E por que não? Porque eu não fazia a performance habitual da política. Mas o que é essa performance?

Como tudo na vida, a política também implica uma teatralidade. Uma performance. Quando vemos as cenas pomposas e patéticas, o modo como as pessoas se vestem, como falam, como discursam, como se movem, se são simpáticas ou antipáticas, estamos diante dos aspectos estéticos da política. Em geral, entendemos como ultrapassados os padrões em cena. Tudo sempre parece muito cafona.

Em *Ridículo político*, analisei as relações entre estética e política, sinalizando para o triunfo da estética manipulada na forma de uma caricatura. Os políticos transformaram o ridículo em um capital, vide alguns dos mais votados que, em 2017, sequer eram candidatos. O que possibilitou a candidatura deles? As cenas das quais participaram. E apenas aqueles inscritos no âmbito do ridículo tiveram votações imensas.

Eu "não dava para a coisa", como me diziam. Eu não sabia atuar. Com algumas exceções, o que mais vi foram pessoas tentando me ensinar como fazer, o que dizer. A mesma queixa veio também de outras candidatas. Lembro-me de Elika Takimoto colocando-se a mesma questão. Eu seguia com a esperança de apontar para outros caminhos em política. E meu anjo idealista falava sozinho, porque nunca encontro um demônio interno para dizer o contrário. O que eu percebi, porém, com mais dor, é que nem mesmo o público conversa com essa diferença de performance. As pessoas, incluindo os especialistas em política, se relacionam com os políticos como quem se relaciona com atores de novela. E eu não era uma boa atriz. O meu desejo era que, desde o começo, as pessoas pudessem pensar nessa diferença. Eu confiava que a população estivesse à espera de algo fora do habitual, das manias e das modas, dos costumes e até mesmo da obviedade que, durante o tempo da campanha, eu chamava pelo popular "mais do mesmo".

Eu era apenas uma professora, uma escritora, uma pessoa que se dedicou na vida a pensar de um modo particular e escrever sobre isso. Entre a filosofia e a literatura, sempre habitei uma zona de margem, e o que escrevo, e até mesmo o que falo, sempre me permitiu flutuar no encontro dessas águas. Enquanto fiz política, pensava nessa experiência, mas também no que deixava de fazer: desenhar mais, escrever meu próximo romance, trabalhar em um ensaio filosófico que ficou pela metade na hora em que surgiu a ideia da candidatura. Pensava em Simone de Beauvoir e em Clarice Lispector como pessoas que tinham feito algo de melhor na vida: simplesmente escrever. Também eu vivo de escrever e estava ali longe do meu trabalho, longe dos meus desejos mais pessoais, porque havia um chamado do dever, da consciência ética. Mas também porque crescia um certo pavor que se apodera de nós quando estamos vendo que tudo, em termos sociais e políticos, vai de mal a pior. Fato é que eu era uma candidata improvável. Mas como viver tem dessas coisas improváveis, eu segui.

A prática política pode não ser apenas uma paixão; no meu caso foi um ato da razão e de compaixão, que me pareceu urgente e necessário. E aceitei o desafio, porque esse também é um nome para a coisa, porque o desejo humano de agir transcende muitas vezes a mera política em nome de uma política outra, real, intensa, sincera. Há pessoas que não têm esse desejo, há pessoas que mesmo tendo esse desejo não acreditam na política partidária. A meu ver, se não nos envolvermos mais com política não haverá mais espaço para que as pessoas façam coisas como estas que eu mesma gosto de fazer: escrever, desenhar, ler. Arte, cultura, educação são urgências.

Lembro-me agora da frase cruel de Theodor Adorno sobre a impossibilidade de se escrever poesia depois de Auschwitz: "escrever um poema após Auschwitz é um ato bárbaro, e isso corrói até mesmo o conhecimento de por que hoje se tornou possível escrever poemas". Essa frase nos obriga a pensar em duas direções. De um lado, não há poesia possível no limite da sobrevivência; do outro, todos os nossos esforços devem se dar com o objetivo de construir uma sociedade na qual a poesia seja possível.

De modo que, chegada a minha vez de contribuir com algo, fiz o que me pareceu o mais correto. O momento histórico em que vivemos exige nossa participação, e ela precisa ser radicalizada. Precisamos participar para construir espaço de expressão para a própria vida. Em um sentido capaz de construir algo comum, em um sentido político.

E é verdade que também pesou em minha aceitação da proposta da candidatura o fato triste da minúscula participação política das mulheres em todos os âmbitos do Executivo e do Legislativo, bem como a parca representação dos intelectuais e dos professores e a raríssima participação dos escritores, sobretudo dos escritores sérios, na vida política.

Nesse caso, chega de justificações; os sinais estão dados, todos de uma vez.

24. Experimentabilidade e disponibilidade

A vida pode ser considerada uma grande experiência com a diversidade e a multiplicidade das coisas. Entreguei-me à experiência humana da política partidária com a modesta esperança de uma filósofa e de uma escritora. Com sorte, ao fim, eu poderia elaborá-la filosófica e literariamente, como faço agora, ao escrever este livro. Descobri essa "experimentabilidade" da política, esse dever-estar, esse dever-participar, essa experiência da disponibilidade que constitui um ato de generosidade fundamental. O maior, o mais intenso, comparável talvez ao ato de ser mãe. A maternidade seria uma boa metáfora para a política, pois nela vemos essa atitude limítrofe da qual as mulheres são capazes com o próprio corpo. São duas lutas corporais e espirituais gravíssimas. Não é à toa que as mulheres dificilmente ocupem as duas posições, e que a sociedade, que mistifica a maternidade como papel das mulheres, mistifique também a política como uma esfera que não convém a elas.

No entanto, de fato, em certo sentido, a política não tem a ver com mulheres. Não essa política. Política trata de poder, e mulheres não são formadas nem generificadas para esse tipo de poder baseado no masculino machista. Na matriz subjetiva das mulheres, falta justamente isso que os homens tratam como sendo o poder. Precisamos estar cientes da crítica ao poder para não distorcer essa frase. Poder, tal como os homens o praticam, não é um assunto de pessoas altruístas. Na política, raramente vencem os altruístas, os generosos, logo, raramente vencem as mulheres. Marielle Franco era uma exceção. Era um ser humano muito completo, caracterizado por uma profunda abertura ao outro. Às vezes, me pego pensando se ela tinha alguma consciência da pessoa que era, do que simbolizava, do que representava para todos ao seu redor. E quando penso em seu assassinato, penso em como seria bom acordar desse pesadelo. E quando penso que um dos momentos de *nonsense* e fascismo total e delirante na campanha de 2018 foi aquele em que um candidato rasgou uma placa com o nome dela diante de uma multidão de pessoas vestidas com camiseta amarela da seleção brasileira de futebol, então percebo o pavor no qual estamos mergulhados. Que esse cidadão tenha sido eleito como o deputado estadual mais votado do Rio de Janeiro sinaliza para a necessidade de acordar a sociedade inteira de um pesadelo sem fim.

Em política, desde há muito tempo vencem aqueles que carregam uma imago, a de um pai, e vence com ainda mais força em tempos sombrios aquele que personifica a imagem do pai autoritário. Do presidente ao deputado estadual, todos representam a força bruta na qual sociedades autoritárias depositam suas expectativas. A postura do sujeito acolhedor, materno, que ouve em vez de mandar, que combina em vez de atacar, tende a perder. Aqueles que trazem também a ironia, capacidade intelectual própria da fraternidade, das relações igualitárias, das trocas dialógicas em alto nível, tendem a perder, porque em política estamos sempre falando da horda primitiva de *Totem e tabu*,[22] da vontade de estar no papel do pai e de, ao mesmo tempo, matá-lo.

Eu escrevo sob a intenção de que esse seja um ato de generosidade, como foi, pelo menos na minha intenção, o ato da candidatura. Algo que se faz pelos outros, para os outros, por desejo de contribuir, por uma vontade de abraçar as pessoas e amenizar seus sofrimentos diversos, que é a potencialidade da política caso ela possa existir para além dos jogos de poder. Quando dizemos que a política é luta, dizemos que ela é um meio. Que ela visa a um fim externo a ela mesma. Que as pessoas possam ser mais felizes em uma sociedade justa. Sofrimento é o que não falta neste mundo, e a política deveria servir para minimizá-los ou eliminá-los da vida, o que sempre se pode fazer implantando um projeto comum de garantia de direitos e oportunidades. Fora isso, política é jogo de poder.

25. Dissimulação e cinismo consensual

Enfrentar uma candidatura requer várias qualidades dos diversos agentes envolvidos, sobretudo do candidato ou da candidata. Assim esperamos que seja. E eu, em específico, não as tinha todas. Como este livro se propõe a dizer toda a verdade, considerando que a verdade é uma questão filosófica que chegou a se tornar meu slogan de campanha por um tempo, e afastando a possibilidade de ofender pessoas, tenho que dizer que para fazer política é preciso ter também vários defeitos.

Felizmente, ou não, eu também não os tinha todos. Algumas qualidades, e alguns defeitos, eu sei que fui incapaz de desenvolver. Não estou sendo irônica. Entre defeitos e qualidades, a "dissimulação honesta", sobre a qual escrevi há muitos anos, foi a minha grande dificuldade. Dissimulados são os mestres da hipocrisia e do cinismo que vêm vencendo em todos os setores da vida política há muito tempo. Os dissimulados eram muitos, impossíveis de enfrentar, porque a dissimulação é um jogo com regras próprias, amparado em um cinismo consensual. Só é fácil fingir o que não se é para quem não é. Eu não consegui desenvolver nem sequer a "dissimulação honesta", o uso de uma máscara na intenção de chegar a Deus, como aparece no famoso axioma cartesiano *"larvatus pro Deo"*. Acreditar que os fins justificam os meios inclui esse uso de máscaras que, para mim, foi bem difícil de aceitar. Sofri do estômago do começo ao fim, sempre achando incrível que dissimulação e cinismo fossem verdade na prática e que ser honesto era tentar driblar esse pragmatismo, mas que isso de modo algum interessava aos jogos de poder.

Houve um companheiro que transcendeu esse pragmatismo de um modo radical: falava abertamente dos jogos de poder, explicava sem vergonha alguma a sua estratégia, tentando aproveitar cada espaço. Houve um momento em que fui vítima de uma espécie de emboscada midiática. Entendi as retaliações, as maldades, as traições quando, dois dias antes do primeiro turno das eleições, surgiu a proposta de que eu renunciasse. Ela veio do PSOL e, segundo a única pessoa do PSOL com quem conversei sobre isso, eram "as pessoas" que queriam que eu renunciasse. Perguntei a esse cidadão, uma estátua de sal da política carioca, quem teria avisado a imprensa sobre a suposta renúncia. Ele jurou que não havia sido ele. Logo depois, fui avisada de que ele plantaria uma nota na coluna de um jornalista de segunda categoria, e foi de fato o que aconteceu no dia seguinte, confirmando as táticas desse político de retaliar aqueles que não realizassem seus desejos mágicos.

Eu não tinha nada contra renunciar em nome de Tarcísio Motta, mas não faria uma coisa dessas na sexta-feira à noite, em cima da hora, sendo que a eleição seria no domingo. E não o faria, considerando que o próprio Tarcísio Motta foi contra a unidade das esquerdas o tempo todo. Para ser muito honesta, ele falava de unidade das lutas, mas não dos partidos. E, inclusive na quarta-feira anterior, em um debate na Uerj, que rendeu uma famosa *fake news* contra mim, produzida por um dos presentes, ele ainda se manteve contra essa unidade da esquerda. Eu, que passei o ano sendo atacada por milícias midiáticas de direita em ação por meio de *fake news*; eu, que passei o ano sendo vítima de processos de desinformação por parte de grupos fascistoides e de gente capturada pelas *fake news*, acabei sendo vítima também de verdadeiras guerrilhas indiretas de certa militância que, tentando esconder a total e fundamental responsabilidade do PSOL na desunião das esquerdas, decidiu me tratar como a culpada por minha própria candidatura. Esses indivíduos agiam como se o PT não tivesse direito a uma candidatura depois de ter sido rejeitado como apoio. Como se eu não tivesse o direito de me candidatar e me apresentar como alternativa da esquerda. Tive que enfrentar a desinformação produzida pela própria esquerda antipetista, que, infelizmente, nesses momentos colabora com a direita.

Eu não renunciaria naquele momento porque, em primeiro lugar, de nada adiantaria a minha renúncia, mas também porque eu não poderia trair o meu partido, dando as costas a tanta gente. E, sobretudo, porque desde o começo o que eu esperava era a unidade das esquerdas. Apenas me candidatei porque essa unidade era impossível, e o PT acabou ficando sem candidato. Essa unidade era impossível segundo o PSOL, o que foi dito publicamente por seus dirigentes e membros. O PSOL, ao qual fui filiada por alguns anos e que vem se tornando um partido que mal disfarça a miséria antipetista com um moralismo cada vez mais de calças na mão.

Mas voltemos ao meu colega. No momento em que surgiu a questão da renúncia, ele não hesitou em me dizer que, caso a minha renúncia o favorecesse, ele pediria que eu renunciasse. À sua maneira, ele estava sendo ético, sendo sincero. Suas táticas eram, sempre que possível, explícitas. Talvez quem tem um projeto pessoal de poder tenda a pensar que os outros também têm. Até porque todos os que vivem de política a encaram como uma carreira. Mas as coisas vão muito além disso.

No caso do Brasil, com a política reduzida a jogos de poder, trata-se sempre de posições a serem garantidas, não apenas em nome próprio, mas em nome dos partidos ou das posições políticas. De alguma forma a minha candidatura também tinha a ver com isso, pois um dos motivos que me levou a aceitá-la foi a representação das mulheres na política, algo pelo qual eu milito há alguns anos. Era um tipo de ciclo que eu gostaria de abalar com a minha presença na disputa para um cargo tão complexo, sobretudo em se tratando de Rio de Janeiro, um estado que vive um poder viciado há muito tempo.

26. Assédio audiovisual — a câmera como arma

Precisamos falar sobre o Rio de Janeiro, mas antes vamos falar de um detalhe importante que são as emboscadas midiáticas praticadas por cidadãos comuns.

Gravávamos um programa de televisão na avenida Rio Branco, no Centro do Rio. Um cidadão começou a gravar a cena com o celular. Primeiro achei que ele brincava de ser câmera auxiliar. A seguir, fiquei curiosa com a insistência e avisei aos que trabalhavam na gravação que tínhamos companhia. Ao perceber que ele não ia embora, perguntei se por acaso ele era nosso eleitor.

Ele respondeu que não. Que sendo cristão não poderia votar em pessoas como eu. Eu perguntei, rindo, como era "uma pessoa como eu". Ele disse: "Você é do PT, não é?" Era fácil saber, afinal, eu estava com uma camiseta com a estampa do rosto de Lula. Respondi que eu também era cristã, enquanto pensava nos zilhões de eleitores cristãos do PT. Aproveitei para perguntar que tipo de cristão ele era, afinal, o cristianismo é complexo, e que Igreja ele frequentava. Era católico, afirmou, e aproveitou para me perguntar se eu era a favor do aborto. Respondi que não, e que não conheço quem seja. E não entrei na complexidade desse problema, já percebendo a má-fé nos gestos do homem de meia-idade.

Com o crucifixo pendurado para fora da camisa, ele segurava a câmera. Pedi a ele que parasse, que faz parte do modo de ser cristão amar ao próximo. Ele não respondeu, mas se manteve com os olhos vidrados sobre a minha pessoa e a câmara na mão, apontada para mim. Minha profissão de ensinar filosofia me obriga a tentar entender o que os outros pensam e como pensam. Naquele caso, o elemento psicopatológico era tão curioso quanto apavorante.

Percebendo que o homem não tinha mesmo boas intenções para comigo, passei à lei. Insisti com ele que eu não autorizava a gravação. Ele seguia dizendo que eu era uma figura pública, que eu era política e, por isso, tinha que me acostumar. Que ele estava autorizado, sim. Mesmo contra o direito de imagem, mesmo contra a educação, mesmo contra eu mesma, que nunca me neguei a ser fotografada ou filmada, que sempre autorizei que gravassem tudo, de aulas a palestras. Pela primeira vez senti medo.

Para enfrentar o medo, nada melhor do que conhecer o próprio medo, de onde ele vem, para onde ele vai. Perguntei então por que nos gravava, achando que fosse uma abordagem razoável para que o homem entrasse em processo de diálogo comigo. Ele disse que estava fazendo uma "pesquisa sociológica". Eu quis saber de que tipo, se havia uma universidade ou uma instituição envolvida. Ele não sabia. Eu disse que, mesmo havendo uma pesquisa, há sempre uma ética, e que não se pode fazer pesquisa com pessoas sem que elas autorizem. Era evidente que ele não estava fazendo pesquisa alguma, que ele tinha outra intenção. Perguntei onde ele trabalhava. Estava de licença, respondeu.

A câmera era uma espécie de arma em sua mão. O que eu sofria naquele momento era um assédio audiovisual, em meio a um assalto audiovisual. Não era o primeiro e não foi o último, mas basta como exemplo. Lembrei-me dos procedimentos dos grupos fascistoides que, em janeiro daquele ano, entraram, na sala da rádio na qual eu daria uma entrevista, com um telefone celular na mão. A emboscada midiática começa parecendo sempre normal e natural. Lembrei-me dos que me param na rua, pedem uma foto, falam comigo como se me conhecessem e quando terminam gritam coisas como: "Tenho orgulho de ser fascista." Chegamos a esse grau de degradação.

Os assaltantes midiáticos são uma mistura de assediadores com estelionatários. Eles violentam a comunicação e usam as tecnologias como armas. A racionalidade técnica é a racionalidade da dominação que se confunde com a comunicação em nossos dias. Faz parte da loucura coletiva achar que se pode simplesmente negar o outro, agir contra a lei e fazer o que se bem entende, como o violento e perturbado cidadão que mencionei. Se existem os que são remunerados nessa guerra midiática, existem aqueles cidadãos que são simples otários como esse. Se usava o celular para praticar violência, o que faria se tivesse acesso a uma arma real?

27. Rio de Janeiro

O caso do Rio merece atenção e devemos abordá-lo antes de seguir. Há alguns poucos estudiosos de Rio de Janeiro que falam de um marco do poder e analisam sem mistificações a situação do estado. A mistificação deriva de uma história mal contada em economia e que tem íntima relação com a condição de "capitalidade" que marca a cidade até os nossos dias. Esses intelectuais e pesquisadores discutem o que foi feito com o Rio de Janeiro a partir da transferência da capital para Brasília.[23] Durante toda a minha campanha, eu tentei sinalizar para a existência de um "marco do poder" que deveria ser interrompido para o bem da história do Rio, que tem influência em todo o Brasil. O Rio é, de fato, uma caixa de ressonância para o Brasil. Não é à toa que se utilizam de forma manipulada ações como uma intervenção militar na cidade com a intenção de "mandar recado" para o Brasil todo. Uma presença como a minha, a da mulher, pessoa comum que não vive da política de jogos de poder, atrapalha aqueles que veem a política como uma carreira ou como o trono, uma cadeira de coronéis. Nesse sentido, há vários em todas as correntes políticas que precisam ser superados.

O marco do poder é como o trono no qual esses políticos sentam para nunca mais sair. Ocupam, no pior sentido, um lugar que deveria ser do povo. O povo do Rio de Janeiro, assim como o povo do país todo, se encontra em desespero econômico e em desespero em relação à segurança, pois a cidade vive todo tipo de guerra e de dominação, de batalhas urbanas e de guerrilhas psíquicas religiosas e conceituais. A economia é um assunto que também é objeto de mistificação. Os donos do poder colocam a economia como salvação sem explicar o que entendem ou querem realmente da economia para o povo. Qual é o papel do povo na economia? Atualmente nenhum, pois o desemprego cresce e não se espera que as pessoas venham a se incomodar com isso.

O povo é a grande massa de pessoas, a população em geral, que padece sem emprego e sem direitos capazes de assegurar sua sobrevivência. A elite não é parte do povo, embora seja uma parte mínima da população, a que detém os meios de produção ou os recursos. Cada vez mais rentista, essa elite não se preocupará com a criança que morre de fome ou de bala perdida na favela, essa elite recriará a metodologia fascista para eliminar essas pessoas reduzidas a gente incômoda.

Também eu sou fascinada pela cidade do Rio de Janeiro, pela paisagem bonita à qual tantas vezes ela é reduzida, pela sua história, pela sua cultura, pelo jeito do seu povo. O estado cheio de mil encantos e outros tantos desencantos vive na precariedade econômica, amparado na ilusão dos *royalties* do petróleo, que um dia vão acabar. Que o pré-sal, que poderia ter mudado o destino do Brasil, esteja no seu horizonte oceânico não passa agora de uma cenoura colocada diante de um burro que será enganado até o fim, e não tem como agir diferente.

28. O coronel e sua síndrome

Carreguei comigo a dúvida: para fazer política você deve ser melhor do que você é ou deve ser muito pior do que você realmente é? Essa não é uma pergunta apenas retórica. Ela nos coloca o problema da ética na política.

Em uma interpretação um pouco livre do *Primeiro Alcibíades*,[24] um diálogo menos famoso de Platão, devemos levar a seguinte pergunta a sério: quem eu me torno quando faço parte da política? Ou, uma questão talvez ainda mais importante no diálogo em questão, quando a política era um valor imenso: posso "eu" fazer algo tão importante quanto "política"? Podemos ainda nos colocar outra pergunta: que sei eu de política para poder fazê-la? Ou a questão ainda mais atual: que tipo de política se trata de fazer?, ou que tipo de política se "deve" fazer?

Nesse contexto é que gostaria de falar dos coronéis, pois eles não se colocam essas perguntas. O coronel é o príncipe, o líder nato que, como bizarra personificação do poder, surge em toda parte. Aprendi nessa eleição que todo político de renome tem algo de coronel — há exceções à regra — e que todo coronel tem algo de menino mimado. Perde uma eleição e vai, tomado pelo inconsciente, passear em Paris. Desdenha de uma reunião para unir as esquerdas e vai para uma festa na casa de uma atriz famosa, e além de tudo, posta a foto da fanfarra nas redes sociais. O coronel de nossa época precisa esnobar. Essa é a sua perdição. E a sua mediocridade. E o seu destino fatal. Como menino mimado e dono do mundo, ele precisa ostentar sua curtição, ele precisa ser *fashion*, parecer forte e macho, ter uma mulher jovem e arrumada que esconda a feiura que o assombra, a sua idade, o seu corpo caído com a barriga a crescer. Há coronéis de todo tipo, de direita e de esquerda, mais jovens ou mais velhos, mais bonitos ou mais feios. Todos se acham o centro do mundo. Todos atuam pelas costas. Nenhum é confiável.

Nem todos os homens são coronéis, só os que se sentem muito mais importantes do que os outros. E embora não sejam poucos os que se sentem muito mais importantes, são poucos os que chegam ao centro no qual todo sujeito com síndrome de coronel quer estar. Essa é uma diferenciação importante: há os coronéis e os que têm síndrome de coronel. Os coronéis pensam que o poder é seu e o usam como se fosse, sem dizê-lo, é claro. Aqueles que têm a síndrome de coronel consideram que o poder lhes é devido e, de modo sadomasoquista, o exercem quando podem sobre os que têm menos poder do que eles. O coronel, na sua magnanimidade, empresta o poder, e os outros estão sempre na obrigação de devolvê-lo com juros. Há também a questão tanatopolítica, mas sobre isso é melhor não falar.

Esses personagens tão típicos quanto bizarros comemoram suas vitórias e derrotas das mais diversas formas e, na inevitável ambiguidade para com o líder, ora ele é elogiado por seus feitos, ora não, mas é sempre criticado pela sua parte de ser humano comum. E isso porque aquele que faz política é responsabilizado e culpabilizado por tudo e por todos, todo o tempo. Além de tudo, é punido quando não tem poder; em sua derrota, ele será apagado como ser humano, por ter ousado ocupar um lugar que outros também poderiam ter ocupado. É que ele mesmo deixou de ser humano ao ter entrado em um devir coronel. Sua posição hierárquica implica uma vingança dialética que os "súditos", os subjugados deixam surgir quando o coronel perde seu lugar e se aproxima horizontalmente dos sem poder. E como o coronel não é outra coisa na vida além de coronel, como ele não tem uma busca intelectual ou espiritual, ele não saberá o que fazer. Então gritará desesperado nas redes sociais contra seus "inimigos".

Eu segui tentando entender o que está em jogo na vida dessas pessoas que, ao viverem para a política, não têm outra vida. Mas uma vida sempre dedicada à política pode ser uma vida comprometida não apenas com a política. Pessoas que não precisam nem desejam o poder pelo poder, nem por qualquer outro motivo, continuam cuidando do que sabem ou gostam de fazer na vida profissional real. A meu ver, seriam essas pessoas que deveriam de fato fazer política. Em um mundo politicamente mais justo, que já vemos sendo construído por muitas pessoas em outros países e também no Brasil, por muitos indivíduos, movimentos e candidaturas, as pessoas comuns, as mulheres, os cidadãos que sempre estiveram alienados e impedidos de chegar ao campo da ação governamental e do estado é que farão política.

29. A lógica do assalto e as milícias midiáticas

Um aspecto importante que atravessou toda a minha campanha — e que tem a ver com milícias midiáticas capazes de tudo pelo poder, inclusive de destruir os que podem atrapalhar seu poder — foi a campanha de *fake news* e desinformação perpetrada contra mim. Várias pessoas de esquerda sofrem com isso hoje. Mas as mulheres sofrem muito mais, porque carregam mais marcadores de opressão no corpo, e se são feministas e de esquerda devem pagar um preço imenso. Manuela d'Ávila, por exemplo, precisou fazer sua campanha política sempre desmontando *fake news*, que brotavam como praga digital. Comigo aconteceu algo na mesma linha, embora em proporção diversa devido aos interesses em jogo. Manuela d'Ávila concorreu ao cargo de presidenta e depois ao de vice-presidenta de uma coligação que poderia vencer. Ela foi atacada proporcionalmente ao perigo que representava, na escala correspondente, assim como eu.

Depois que me recusei a participar de um programa de rádio para o qual, sem me avisar, convidaram para conversar comigo um conhecido defensor do vazio do pensamento — um conhecido mistificador —, grupos de extrema direita têm se esforçado por atacar a minha imagem, recortando e editando entrevistas, vídeos e textos que circulam na internet. É a prática da desinformação com o objetivo de destruir a imagem das pessoas que façam pensar. Todo cidadão que se expõe ou é exposto na internet, nas mídias, está sujeito a isso. Qualquer um que se expresse está sujeito a causar reações. Reações de ódio são, aliás, comuns diante da incapacidade de compreender a diferença ou da impotência diante de discursos e práticas que rompam com a uniformidade gerada por discursos rasos e pensamentos estereotipados.

Em contextos democráticos, essas reações significam algo diferente do que querem dizer em contextos autoritários, como é o que estamos vivendo neste momento. Não entendemos o que é dito, e seguimos sem prestar atenção aos contextos e interesses do que é dito.

Meus perfis em redes sociais foram invadidos por manifestantes que praticam o conhecido discurso do ódio, da misoginia, tão fácil de usar em nossa época, tão capitalizado, tão na moda. Nas redes sociais há também robôs ocupando o espaço reservado aos comentários. Bloqueamos todos os perfis falsos que pudemos detectar porque, além de tudo, não são humanos, mas devem parecer que são e produzir volume — ou audiência — para criar a sensação de uma comunidade forte. A própria ideia de comunidade é mistificada nesses casos. Esses robôs discursam como pessoas concretas. Emulam, recortam e colam frases de efeito como pessoas, mas não são pessoas. Não se deve deixá-los em "ação" em nome de democracia alguma, pois fazem parte da manipulação e da desinfomação, que são o grande poder do momento. Eliminá-los da internet é colaborar para a ética na internet.

Esses robôs são a prova de que há grupos econômicos e pessoas que querem apenas fazer proliferar discursos vazios, ilusões e mentiras. Não sou a primeira vítima disso e não serei a última. É preciso frear esse gesto desumano perpetrado por pessoas e empresas voltadas para a enganação e a mistificação, bem como para a manipulação da imagem. A produção de espaço democrático implica retirar de cena as armas antidemocráticas que se apresentam disfarçadas de "liberdade de expressão". Não há liberdade de expressão em ações que pregam contra a dignidade humana e os demais direitos fundamentais.

Penso nas manifestações não humanas, no uso dessa tecnologia de manifestação nada espontânea, totalmente programada. E penso que meu modesto lugar de professora de filosofia, bem como o lugar de todos os críticos do Estado Pós-Democrático e do capitalismo neoliberal, do machismo e do racismo, estava incomodando a ponto de precisarem recortar, editar e deturpar o que eu dizia. Sinto pena também daqueles que não percebem que trabalham de graça para pessoas e grupos que acabam lucrando com as manifestações de ódio e as manipulações na rede.

Lembro-me de outros momentos em que fui vítima do ódio. Minha relação com a televisão também rendeu muitas manifestações ao longo da vida. Não só de ódio, é verdade. Eu aprendi, em meio a isso tudo, que os afetos das pessoas são contagiosos e que, analisado quanto ao lugar de cada um, o afeto pertence evidentemente a quem o emite, ainda que venha tocar o outro. Mas como eu não me sinto responsável por quem cativo, nem pelo amor, nem pelo ódio alheio voltados à minha pessoa, sigo refletindo sobre os motivos e as condições históricas e sociais nas quais esse tipo de acontecimento emocional se concretiza na linguagem institucional ou cotidiana. Certamente, aceito o amor de bom grado. O ódio, no entanto, continua merecendo análise, seja na forma de homofobia, misoginia, intolerância religiosa ou política, repulsa à intelectualidade e coisas do tipo. Perguntar por que se ama isso ou aquilo e por que se odeia nos ajudará a nos tornarmos seres humanos mais lúcidos.

No dia seguinte à transformação em espetáculo da simples recusa de legitimar um interlocutor, famoso por posturas misóginas e frases feitas, na Rádio Guaíba, de Porto Alegre, passei a receber novos xingamentos. *Haters* profissionais (ou inocentes úteis explorados sem saber por profissionais) foram procurar algo que produzi e está disponível na internet, como uma entrevista ou um texto, para causar efeitos de imagem. Passei a ser xingada por ter falado em uma longa entrevista de uma certa "lógica do assalto" antes do golpe de 2016. Editaram, manipularam e descontextualizaram parte de uma fala complexa para iludir pessoas, que foram levadas a perder o senso crítico. Manipulações e mentiras que vão ao encontro dos preconceitos e medos de uma parcela do povo costumam fazer sucesso.

Isso me fez lembrar da época em que me manifestei sobre a pichação no Cristo Redentor, há alguns anos. Fui muito xingada. Praticamente só os próprios pichadores me entenderam. As pessoas que eram contra a pichação diziam: "Vamos pichar a sua casa." Eu, no entanto, nunca disse que queria que as casas das pessoas fossem pichadas. Nem torci para que isso acontecesse. Fiquei pensando: *por que quem é contra a pichação é capaz de ser a favor de pichar, apenas se a pichação for dirigida a mim?* Claro, entendi que as pessoas estavam querendo me fazer provar da minha própria lógica, mas não percebiam que não estavam avançando em argumentos que pudessem mostrar a profundidade do fenômeno social e do direito visual à cidade que a pichação suscita, como coloquei naquela época.

Quando falei da pichação no Cristo Redentor, falei sem perder de vista meu respeito ao personagem Jesus e àqueles que creem nele religiosamente. Particularmente, gosto do personagem Jesus, embora tenha uma profunda crítica ao cristianismo e às Igrejas como instituições que administram a fé e usam seu nome. Eu, que pesquiso sobre a pichação, vejo nela a expressão do direito de ocupar espaço no território visual comandado pelo capital. Aliás, o que significa defender algo? Significa buscar uma compreensão profunda do fenômeno e ver como estamos implicados nele, quando se trata de sustentar uma sociedade de direitos. Por isso, a presunção de inocência, por isso, a necessidade social de advogados que defendem pessoas de acusações ou mesmo de crimes. Quanto à questão da lógica do assalto, do roubo, da violência como um todo, não se trata de fomentá-la, mas de entendê-la e de perceber que ninguém é melhor do que ninguém apenas porque se sente moralmente superior em uma sociedade de injustiças sociais. Uma sociedade de profunda desigualdade geradora de todo tipo de violência.

Já fui roubada, furtada e assaltada, como a maior parte das pessoas que conheço, e certamente não gostei disso, mas a questão que levantei referia-se ao sentido do capitalismo como um sistema que impõe e administra a desigualdade, colocando um contingente enorme da população em estado de necessidade ou desespero. O capitalismo já é o grande roubo, totalmente responsável pelo pequeno roubo. A corrupção é o capitalismo, e o capitalismo é a corrupção, para falar de um tipo de "crime" para o qual ainda se tem dois pesos e duas medidas no Brasil.

A desigualdade é a nossa questão, e ela nos obriga a pensar em equações: se para uns o caminho inevitável é herdar a empresa da família e seguir com ela (e nem todo herdeiro gosta desse destino), para outros o caminho oferecido no Brasil tem sido o do crime. Eu não quero simplesmente desresponsabilizar pessoas que praticam crimes com a minha fala, mas o fato de que a sociedade seja injusta para com as pessoas economicamente exploradas, que foram lançadas nas práticas da violência, não pode ser apagado. Há toda uma história e uma tradição de exploração antes de um jovem negro praticar um assalto. Se esse jovem produz uma vítima, também ele é uma vítima da ausência secular de políticas públicas, de uma parcela da sociedade que ja o demonizava antes do crime e, por fim, do Estado Penal. E pagará por ter nascido. E negar-se a ver isso, a enxergar a responsabilidade da sociedade e do Estado no destino das pessoas é uma tática ideológica das mais antiéticas.

A questão da pichação já me fez escrever artigos, para revistas e para a Academia, me fez apresentar trabalhos em congressos nacionais e internacionais sobre o tema, trabalhos que provavelmente muito pouca gente leu. De fato, falar como eu falei sempre pode causar impacto. Já os textos não causam impacto, sobretudo os mais especializados da esfera acadêmica, porque praticamente não são lidos, já que há pouca gente realmente disposta a falar mais sério ou ir até as últimas consequências de uma inquietação intelectual e de uma pesquisa.

Quieta no meu canto, eu estaria protegida dos xingamentos naquela ocasião, tanto quanto nessa. O que eu disse sobre o roubo se insere na minha reflexão sobre o capitalismo como violência essencial, estrutural, perpetrada contra todas e todos (inclusive todes, palavra que venho usando desde que a empreguei no subtítulo do livro *Feminismo em comum* e que também irritou muita gente, sobretudo quem não leu o livro). A mentalidade neoliberal, seja em que tempo for, não pode gostar de colocações como as minhas e tentará de maneira torpe cancelar a minha fala.

Enquanto o Brasil desabava, exércitos de robôs e pessoas que não têm o que fazer se ocupavam em tentar me ofender, invadiram minhas contas bancárias, minha casa, criaram factoides, notícias falsas, fofocas sobre mim. Me fizeram pensar no que eu mesma estava significando para aquelas pessoas naquele momento.

Sigo pensando e buscando compreender o Brasil no qual vivo, porque esse é o meu dever histórico. Sempre disponível para a luta democrática e respeitosa, eu me disponho ao diálogo, embora me reserve o direito de não gastar tempo presenciando monólogos repetitivos, slogans ideológicos etc. E continuarei bloqueando robôs e agentes do discurso de ódio para que a primavera do diálogo possa florir em paz.

30. Criminalização da lógica

Para alguns, a lógica é a arte do pensar. Nos momentos de crescimento do pensamento autoritário, que necessita da confusão e da ignorância para impedir a reflexão capaz de levar à democratização da sociedade, verifica-se a demonização do pensamento, como se percebe pela recente criminalização da lógica. Ela faz parte da criação de um mundo delirante. Nenhuma lucidez será perdoada. Pensar sobre algo tornou-se perigoso, em especial para aqueles que vivem da confusão e da exploração da ignorância alheia.

Para os mistificadores da realidade, os que lucram com a divulgação e a venda de "fórmulas mágicas" e ineficazes para os graves problemas da sociedade, buscar não só entender as sutilezas das figuras silogísticas como também a consciência de si, e aprimorar o juízo sobre os fatos, investigar as causas e desvelar a funcionalidade política dos fenômenos, é inaceitável.

A ignorância aprofunda o medo, que se alimenta do desconhecido, e o medo é manipulado com funcionalidade política. Assim, os que exploram o medo, e também as pessoas que clamam por "respostas mágicas" porque sentem medo até da liberdade, não admitem que fenômenos como a violência, a militarização e os crimes se tornem objeto de reflexão. A lógica dos que exploram, e dos que se deixam docilmente explorar, já foi denunciada por Theodor Adorno: sempre falar disso, nunca pensar.

Como os monstros, muitos dos conflitos presentes na sociedade perdem o potencial ameaçador e manipulador diante das luzes acesas pelo pensamento. Não que a racionalidade, por vezes, deixe de criar novos monstros, mas se negar a pensar e a descobrir a lógica dos fenômenos que nos assustam é caminhar de novo para a barbárie e o obscurantismo. Um triste caminho facilitado pelo empobrecimento da linguagem, que ajuda, por exemplo, na confusão entre "militarização" e "segurança de direitos" e entre a "seletividade do sistema penal" e a "impunidade".

É também o empobrecimento da linguagem — que a racionalidade neoliberal transformou em um verdadeiro projeto de idiotização do cidadão, a fim de transformá-lo em mero consumidor (inclusive de segurança pública) — que leva uma parcela da população a confundir as tentativas de entender a "lógica de um crime" com a defesa do crime em si ou, mais precisamente, da conduta criminalizada.

Chega-se, hoje, ao extremo de ter que esclarecer o que deveria ser óbvio: apontar a lógica de um crime não significa defender esse crime.

Tentar entender e refletir sobre as causas de um crime e as consequências da criminalização correlata são condições de possibilidade para qualquer ação concreta e efetiva que busque reduzir o número de crimes e os efeitos perversos que giram em torno dessas ações.

Os formuladores das políticas de segurança pública precisam entender os nexos entre a conduta criminosa, a pessoa do criminoso, as condicionantes externas e os efeitos não desejados da criminalização, ou seja, a lógica do crime e da criminalização. Do contrário, as medidas propostas para combater crimes não passarão de "fórmulas mágicas" sem efetividade, ao mesmo tempo que os "mercadores" da segurança pública continuarão a enriquecer com a venda de suas mercadorias para aqueles que podem pagar — entre os quais, muitos dos mistificadores da questão criminal.

31. O capitalismo e o roubo

O exemplo do assalto que o nosso Código Penal nomeia de "roubo" é muito significativo. Trata-se de uma conduta criminalizada com o objetivo primeiro de proteger o patrimônio. Nos manuais de direito penal se diz que o "bem jurídico tutelado" é o patrimônio, razão pela qual a conduta vedada pelo ordenamento jurídico é a ação do assaltante voltada à subtração de um bem.

Pessoas praticam roubos por diversos motivos, de necessidades materiais à existência de quadros clínicos que propiciam a ação de constranger uma pessoa para subtrair um bem. Ao contrário do que prometem os mistificadores da segurança pública, roubos são uma constante em todas as sociedades capitalistas. O alto índice de roubos no Brasil, por outro lado, é um fenômeno que precisa ser estudado e compreendido para que possa ser reduzido.

Entender a lógica do assalto, portanto, passa por compreender que o crime de roubo é talvez o mais perfeito exemplo de uma conduta típica do capitalismo e que, em um sentido mais complexo, diz respeito ao seu próprio sentido. Não por acaso, nos momentos de crise econômica, o número de roubos aumenta.

Também não causa surpresa o fato de o crime de roubo violar a liberdade, a integridade física e, por vezes, até a vida (nos casos de latrocínio) de uma pessoa, e o foco do legislador continuar sendo mantido na proteção do patrimônio. É esse foco na proteção do patrimônio que nos obriga a refletir sobre o que se quer dizer com o clichê "bandido bom é bandido morto". Nessa frase, é claro que a vida é um valor menor diante do valor da morte aplicada a quem viola a propriedade privada. Mas a reflexão que devemos levar adiante também envolve entender uma economia política que produz desigualdade, acumulação por exploração do trabalho alheio, bem como a apropriação indébita das riquezas imateriais, materiais e naturais, que deveriam ser do âmbito do "comum" em uma sociedade.

No crime de roubo, a ode ao capitalismo e à correlata supremacia do "ter" sobre o "ser" — não é difícil perceber — encontra-se tanto na ação do assaltante, que pretende aumentar seu patrimônio à custa da diminuição do patrimônio alheio, como na postura do legislador, que prioriza um bem material em detrimento da vida. Também os órgãos encarregados da persecução penal, que, na defesa do patrimônio, acabam por produzir mortes, não só dos envolvidos na situação conflituosa (autor e, por vezes, também a vítima), mas de terceiros atingidos por "balas perdidas".

A racionalidade capitalista gerou a primazia do ter sobre o ser. Ao mesmo tempo, fomentou o desejo de enriquecimento. Enriquecer tornou-se sinônimo de sucesso pessoal. Parecer rico passou a ser percebido como sintoma de felicidade. Todos, ricos ou pobres, desejam os mesmos bens de consumo, cujo valor de venda encontra-se totalmente desassociado do valor de uso. Mas não é só isso. A racionalidade neoliberal, típica da atual conformação do capitalismo, que se desenvolve sem limites territoriais, legais ou éticos, transformou o egoísmo em virtude, ao mesmo tempo que transformou a vida e a liberdade em objetos negociáveis. A ilimitação, que caracteriza o neoliberalismo, aproxima o empresário — que só se preocupa em lucrar, mesmo que para tanto tenha que "relativizar" os direitos dos trabalhadores e sonegar impostos — do simples ladrão — que viola a liberdade da vítima para adquirir bens.

A lógica do assalto é, portanto, a lógica que rege a sociedade capitalista. No neoliberalismo, os problemas se multiplicam. Fechar os olhos não faz com que os monstros (e os assaltos) desapareçam. Demonizar quem busca pensar os fenômenos sociais, menos ainda.

32. O fracasso

Justamente porque se espera que as pessoas desistam logo nos primeiros ataques e dificuldades é que precisamos continuar. Continuar é resistir, e resistir é se manter vivo e potente. As mentiras sempre existiram e continuarão existindo, e é importante que não deixemos que se tornem hegemônicas, dominantes. Elas não podem se tornar o novo patamar. A luta, portanto, continuará sendo da verdade contra a mentira, do esclarecimento contra a barbárie, da lucidez contra a estupidez. A luta pela verdade cabe ao cidadão, ao professor, ao intelectual, a pessoas de todos os gêneros, raças e classes. Cabe também a quem faz política em qualquer nível. No meu caso, da busca pela verdade, passei à luta pela verdade. Da teoria, passei à prática, e isso foi como passar de contemplar uma paisagem e aprender a desenhá-la em minúcias miméticas a praticar um esporte radical.

Podia ser *bungee jumping*, mas era política. E, de certo modo, eu me lancei ao abismo. É verdade que ninguém conhece o abismo até entrar nele. Olhá-lo de longe, falar dele, bem ou mal, suspeitar do seu horror não é estar nele. Senti-lo, intuí-lo, não é vivê-lo. É elementar saber que isso é uma metáfora, mas, como comentei anteriormente, é bom avisar, nestes tempos tão estranhos em que o rebaixamento da linguagem é a regra.

Pessoalmente, posso dizer que desejava uma espécie de sacudida, queria sair do desenho do salto para o próprio salto. Queria sair da zona de conforto, essa que anda cada vez mais estreita para qualquer um que se preocupe com a aventura humana e suas desventuras inevitáveis. É um fato que eu não queria mais aquela região segura na qual talvez ninguém mais se encontre desde que se intensificou em nosso país a relação com os instintos assassinos próprios à barbárie. Tudo nos chama à luta, e é por meio dela que vivemos.

Foi um experimento de vida, e também um experimento filosófico crucial. O fascismo potencial apenas ameaçava tornar-se um fascismo de Estado, mas a ameaça se realizou, e pior: democraticamente, pela escolha do povo. Nossa pátria amada, que um dia foi vista como um país em desenvolvimento, tornou-se, desde 2016, com o golpe, cada vez mais atrasada. Estou falando de muitos atrasos diferentes, e concomitantes. O ano de 2018 apenas coroou um processo.

O caráter ao qual dei o nome provisório de "experimental" serve para definir a passagem da teoria à prática, do pensamento analítico e crítico à práxis, à ação concreta da transformação. Tenho medo que usem esse termo contra mim de forma maldosa, como já fizeram com coisas que eu disse, mas não posso evitar a reflexão e as possibilidades às quais ele leva. É com essa expressão que acredito estar enunciando o caráter diverso da minha candidatura, do que ela propunha tanto em termos de forma quanto de conteúdo, e as vicissitudes no caminho para realizar o que ela poderia ser.

Esse "poder ser" não ficou de todo no meio do caminho. Considerando que aquela eleição favorecia quem usava dispositivos nada éticos, que operavam por trás dos meios conhecidos, pessoas para quem o tempo de televisão e a propaganda comum eram bobagem; considerando que havia uma verdadeira guerrilha digital e virtual na qual o Facebook era apenas a ponta do iceberg; considerando que aplicativos como o WhatsApp eram usados para difundir calúnias e difamações pelas quais eu mesma fui atingida, *fake news* e todo tipo de sabotagem; considerando que eu e milhões de pessoas sofrem por seu país, e tendo em vista que não posso dizer o quanto a questão democrática me abalou subjetivamente, de um modo que não seria possível explicar em uma ou muitas linhas, por tudo isso, escrever este livro é, além de dar um testemunho que possa ajudar alguém, fornecer dados à história. Hoje, quando, na condição de ativistas, militantes, ou simplesmente artistas ou pensadores, cientistas ou religiosos, agentes de visões de mundo expandidas e abertas, corremos risco de vida, perseguidos pelos agentes da fascistização, desde o presidente e dos deputados eleitos até cidadãos em estado de prontidão para o fascismo, escrever este livro é mais do que um alento. E usar a palavra "fracasso" nessas condições nos faz pensar.

Talvez alguém ainda se impressione com a palavra "fracasso". É uma palavra dura. Como são as verdadeiras palavras da vida política. Mais do que uma simples palavra, "fracasso" deve ser vista como a categoria política fundamental que ela de fato é. O contrário do poder e, ao mesmo tempo, um dos efeitos do contato que temos com ele. Há políticos que fogem dele como quem foge da cruz. Outros são seus efeitos. Há muitas formas de fracasso, dependendo do nível de competição que pretendia a vitória. Tendo a pensar hoje que só os fortes de espírito superam as dores que advêm dos fracassos. E esses fortes são raros. Lembrando Borges, talvez seja verdade que haja uma dignidade no fracasso que não se pode encontrar na vitória. Há fracassos que são vitórias. Pode ser. Vamos falar desse fracasso, da sua dialética. Vamos pensar no fracasso mais profundo dos que, mesmo quando vitoriosos nas disputas mundanas, vendem a própria alma nos jogos de poder. Fracassam, mesmo quando se enchem de poder e de vitórias.

Nesse ponto, podemos falar de um fracasso existencial. E um fracasso existencial é que é um verdadeiro e imenso problema, os outros são apenas dores da vida. Dias atrás, tendo visitado Fernando Haddad em sua casa pela manhã, percebi o que significava esse fracasso. Fernando Haddad estava com um amigo tomando café da manhã, de bermuda, chinelos e uma velha camiseta, dessas que a gente usa em casa quando está muito à vontade. Ao abrir a porta, ele percebeu o número 17 mal pichado na entrada de sua casa naquela noite. À minha saída, foi até a esquina para ver onde estava o táxi que eu havia chamado, sem demonstrar nenhum medo, porque continuou vivendo sua vida como sempre viveu. Eu mesma fiquei perplexa com sua liberdade, com sua tranquilidade, porque não imaginava tamanha paz de espírito depois do que ele viveu. Estava ocupado em voltar às aulas, em fazer coisas que gosta de fazer, como ler e estar entre amigos.

A eleição perdida não pode ser vista como um simples fracasso. Trata--se de um fracasso dialético daqueles dos quais podemos nos orgulhar diante dos poderes e das violências movidos contra a alma e os corpos que permanecem na luta por justiça em todos os níveis. Uso a palavra "alma", mas poderia usar mais uma vez a palavra "consciência". Ainda devemos confiar nela como um efeito de nossa atenção e delicadeza ética para com a verdade. É ela que nos faz olhar para mais longe, para um futuro com o qual hoje muitos de nós, em nosso país e em muitos lugares do mundo, têm dificuldade de contar.

Alguns manipulam o fracasso. Há aqueles que disputam sem desejar vencer de fato. Os que, ocupando cargos legislativos, se candidatam a cargos executivos procurando apenas se capitalizar para as próximas eleições. Eles devem demonstrar que têm "capital político", e o fazem contabilizando o número de votos diante de seus adversários e correligionários. Isso foi naturalizado entre nós. E é ruim para a política e para a sociedade, que não consegue acreditar nela em função do que os políticos fazem com ela.

Quando acabou a eleição, algumas pessoas vieram me perguntar por que eu não tinha me candidatado a deputada, afinal, com os votos que obtive teria sido eleita. Antes da eleição, antes mesmo da minha candidatura, havia esse boato. Os boatos de que eu seria candidata a deputada são como os boatos que já existem hoje sobre eu vir a ser candidata a vereadora em 2020. Não serei. Expliquei muitas vezes que não almejo uma vida como legisladora, que me candidatei ao Executivo porque, se tivesse que agir na burocracia política, gostaria de agir mais diretamente na vida concreta das pessoas, diretamente "com" as pessoas. Na candidatura ao Executivo eu via muito mais do que uma representação, em certo sentido era a chance de ação direta que, a meu ver, falta à política.

E essa ação direta deve ser a ação do povo. As deputadas negras foram eleitas como efeito dessa ação direta, da pessoa que seria "fora do poder" que vem "ocupar" o poder. "Ocupar" é essa palavra de ordem, essa palavra que muda toda a nossa relação com a política, nos tira da subalternidade, da condição secundária, e nos coloca no protagonismo.

33. Eleger

Assim como candidatar-se a um cargo político pode ser estranho em uma cultura dominada pelo contraditório "ódio à política", que revela, na verdade, uma profunda paixão, somos obrigados a pensar, por coerência, na estranheza de eleger. Ora, perguntemos sem medo de parecer simples demais, ou didáticos demais: afinal, o que significa eleger? Ou quando elegemos? O que se elege? Eleger é um ato diário que é elevado à prática política nas democracias. Quem pode eleger? Quais critérios, que lógica se usa para eleger? Penso no nível de colaboração de cidadãos com os regimes autoritários como o nosso — e que há de se intensificar —, considerando que os meios de manipulá-la são vários. Podem-se adulterar os resultados das urnas, pode-se "comprar" votos, pode-se chantagear pessoas para que votem em um candidato, pode-se ameaçar, mas há um recurso que se torna legítimo e incontornável, aquele que convence uma pessoa na sua intimidade a votar contra o que seria melhor para ela mesma.

Seria maravilhoso se as pessoas fizessem conscientemente suas escolhas com base em argumentos consistentes em sentido racional e moral. Escolhas racionais e éticas melhoram a vida de todos os seres que partilham um conjunto de leis, uma Constituição, uma vida pública. Seria maravilhoso se, neste momento, estivéssemos discutindo grandes questões e não apenas clamando por bom senso. Que a ditadura que eu vislumbro, no momento em que escrevo, antes mesmo da posse do novo presidente, não passe de um exagero meu. Tudo daqui para a frente vai ser medido na disputa entre autoritarismo e democracia. É o fundo do poço da vida política. A disputa mais básica, que resulta do fracasso de tudo. Se ainda houver eleições no futuro, e digo isso sem medo de errar, aliás, rezando para errar, devemos nos preparar para manipulações — concretas e mentais — ainda piores do que as que experimentamos em 2018.

Quando analisamos ou estudamos alguma coisa, quando já vimos e testemunhamos certas coisas, acreditamos ter adquirido uma experiência. Dizemos que conhecemos os seres humanos, que sabemos o que vai acontecer. Os menos experientes ou inexperientes em alguma área tendem a acreditar nos mais experientes. E é normal que haja uma certa vidência nos processos. Que alguns se achem capazes de prever o futuro. Desde que escrevi *Como conversar com um fascista* e *Ridículo político*, vivo com uma espécie de complexo de Cassandra, aquela personagem das narrativas míticas que sofria de uma maldição. Ela via o futuro, mas, ao falar do que via, ninguém acreditava nela.

Infelizmente, sabemos o destino dos países periféricos e suas ditaduras orquestradas. Sabemos também o destino dos governos fascistoides: ou são derrubados, ou tendem a destruir a nação na qual se instauram, sua cultura, as formas de vida e a população escolhida para a matança. Já vivemos um imenso genocídio de parcelas indesejadas da população em nosso país: povos indígenas, jovens negros nas periferias das grandes cidades, líderes camponeses, pessoas trans, travestis, homossexuais e mulheres vítimas de feminicídio. São matanças conhecidas por todos e pouco questionadas; pelo contrário, são naturalizadas e banalizadas. A promessa atual é de que aumente esse espectro. De que se acrescente mais gente — os críticos, os discordantes, os dissidentes, os descontentes, os vermelhos, os comunas, os "petralhas" —, e aquele assassinato antes ocultado, traiçoeiro e, quiçá, em algum caso culpado e envergonhado, se torne uma ostentação, uma atitude até mesmo natural, cada vez mais comum e até mesmo esperada.

Não é de modo algum difícil imaginar que as práticas genocidas só venham a aumentar e que não se restrinjam somente às populações habitualmente aniquiladas. O fascismo é um regime populista que garante morte para todos, e nisso reside a sua contradição, ou a sua burrice. Fazer qualquer tipo de política sob essas condições é realmente de amedrontar.

Muitas pessoas se manifestaram perplexas com a minha decisão de participar de uma candidatura e de uma campanha política, devido ao grau de conspurcação e de periculosidade que isso significa, sobretudo para mulheres feministas e de esquerda na América Latina. Seja pelo momento assustador pelo qual passa a democracia brasileira, seja pelo que podemos chamar de "a coisa em si da política" que amedronta qualquer cidadão, fui bastante desaconselhada.

Para alegria de uns e tristeza de outros, não fui eleita. Tivesse sido, faria tudo para implementar o melhor programa de governo que o Rio de Janeiro poderia ter para mudar seu rumo histórico — programa que, infelizmente, ficará na gaveta. Participar da produção do programa de governo foi, aliás, uma parte boa do processo político. O programa é a construção de um espaço de sonho em comum. Para quem não imagina como se constrói um programa de governo, é bom saber que, em primeiro lugar, ninguém faz um programa de governo sozinho. Muitas pessoas se unem para colaborar no âmbito de suas especialidades, pesquisas e saberes. Na construção, um misto de idealismo e pragmatismo, de teoria e de prática, de saber e de esperança. Projetar um mundo melhor no mínimo faz bem à alma, e tenho certeza de que, fazendo o que fiz, junto de tanta gente querendo ajudar a construir um mundo melhor, me senti menos mal do que estaria se não tivesse participado.

34. Confusão mental política

Em conversa com um cidadão que votou no candidato eleito para a Presidência da República, perguntei se ele estava feliz com o resultado. Surpreendentemente, ele respondeu que não. Curiosa com a resposta, perguntei pelo sentido de sua infelicidade, afinal, talvez ele quisesse expor melhor seus próprios motivos e sua compreensão de política.

A resposta foi um paradoxo ainda mais espantoso. Segundo suas palavras, ele fez a escolha que fez por não entender nada de política. "Votei em fulano" — disse — "porque não entendo nada de política." Perplexa, perguntei-lhe o que ele queria dizer com "não entender nada de política", aspecto fundamental na maiêutica daquele momento. Ele respondeu que não acompanhava o que faziam os candidatos, que teria votado em Lula se ele não tivesse sido preso e pudesse governar, embora no primeiro turno tivesse votado no Cabo Daciolo, alguém que, segundo ele, infelizmente, não tinha chance.

Por um segundo acreditei que meu interlocutor estivesse sendo irônico e insisti para que me falasse mais sobre sua visão das coisas políticas. Infelizmente, ele apenas repetiu o que tinha dito, com um ar cansado. Disse que não cultivava o hábito da leitura e, para meu espanto ainda maior, que não usava nenhuma fonte de informação, nem mesmo Facebook, nem sequer a televisão. Testando o óbvio, perguntei sobre o WhatsApp, o mecanismo que é a prótese cognitiva do momento, a nova *deep web* com seus dados ocultos. Perguntei-lhe o que pensava dos candidatos, e ele insistiu em um clichê, a ideia pronta que não permite desenvolvimento: que já era hora de mudar, que o PT não dava mais. Eu lembrei a ele que o PT não estava no governo desde 2016, que isso não era mais uma questão, bastava votar em

Meirelles ou outro candidato; disse isso para provocá-lo a pensar. Ele me interrompeu, dizendo que votaria em Lula se ele não estivesse preso. E que escolheu o candidato rival porque "sem o PT é melhor". Perguntei se ele sabia qual era o partido de Lula. Ele sabia, mas não se importava. Diante de tantas contradições, eu não quis perguntar mais. Preferi simplesmente assistir àquele espetáculo impressionante de dissociação da consciência. Espontaneamente, por fim, ele me falou de uma tristeza por ter que votar, "Melhor seria não ter essa obrigação", finalizou, demonstrando que, no fundo de sua confusão mental política, havia um profundo sofrimento.

Lembrando-me do personagem Jeca Tatu, de Monteiro Lobato, aquela figura mergulhada em melancolia e impotência, eu segui pensando na desigualdade econômica, política e social forjada em séculos, que segue solta e produz tanto a alienação quanto o ódio à política. O delírio orquestrado no momento leva pessoas como esse cidadão a viver em contradição e praticar a política da moda, aquela de quem não sabe o que faz.

35. Votar

Cada voto em uma campanha é tratado como uma moeda. Eu não tinha futuro, porque não conseguia me relacionar com a ideia de pedir votos. Há campanhas que computam o dinheiro gasto com cada voto. Chega-se a um preço. É uma lógica muito ruim, mas é verdadeira do ponto de vista do capitalismo. Ele mesmo um sistema que opera no cinismo ao colocar preço em tudo, reduzindo o que existe a mercadoria. Foi Oscar Wilde quem disse que o cínico é alguém que sabe o preço de tudo, mas não sabe o valor de nada.

Um valor que possa estar além do dinheiro não importa para esse sistema. Política não é um valor. Vitorioso é aquele que vence pela quantidade de votos, a qualidade evidentemente não vem ao caso. É que não se pode medir a qualidade do voto. Na democracia todos se igualam, e isso é complexo. Se a igualdade de direitos é justa e digna, a "igualação", o nivelamento sempre precisa ser visto com cuidado. Votos sérios se misturam a votos por brincadeira, por piada; votos de gratidão se misturam a votos de vingança; votos sinceros, a votos úteis. Demonstra-se com isso como a democracia representativa é simples e pode cair na banalidade. Vence a maioria, mas, se a maioria é manipulada, em que sentido se pode dizer que ela venceu? Se a dignidade muda a qualidade do fracasso, a manipulação muda a qualidade da vitória.

Como "maioria" é uma espécie de marca registrada, um signo de poder, ela também pode produzir fantasias. Elites são "minorias populacionais" que se comportam como se fossem maiorias políticas. "Maiorias populacionais" são muitas vezes tratadas como "minorias políticas". E quando esquecemos que política é luta por hegemonia, que vencem aqueles que "podem" mais e que esse "poder mais" é um problema, porque poder é um jogo de forças, então precisamos voltar a falar do mais básico em termos de política.

O conceito de "maioria" também deve ser questionado e, desse modo, salvo do senso comum. A maioria numérica da população brasileira não elegeu Bolsonaro, por exemplo, assim como não tinha elegido Dilma Rousseff, Lula ou Fernando Henrique. A maioria numérica da população não se importa com política, e a democracia não é, para essa maioria, uma questão. O tema "eleição", o complexo problema da escolha, não toca a maioria. Votos em branco, nulos e abstenções só são um problema para quem ama a democracia. Sejamos justos, é um problema também para quem sabe que os votos — mesmo que sejam antidemocráticos, como no caso de se eleger um regime político autoritário —, na sua soma, são o próprio poder democrático.

Fato é que o voto é capital político disputadíssimo, como uma bola em um jogo de futebol. Há quem faça todo tipo de jogo para fugir do fracasso das votações, como estar em um jogo sem jamais receber a bola. Ao mesmo tempo, muitas pessoas falam da chamada "compra" de votos. E vendê-lo quando se está em estado de necessidade não é difícil. O voto é como o sexo. Você pode dá-lo, trocá-lo ou vendê-lo. E em qualquer dos casos, a atitude pode ser justificável ou até legítima, desde que ninguém esteja sendo enganado ou abusado e não esteja prejudicando uma sociedade inteira com seu direito individual.

Há, portanto, um verdadeiro mercado de votos. Compra-se o voto daqueles que vivem em estado de miserabilidade, por meio de alimentos, brindes, uma ajuda na construção da casa, uma passagem intermunicipal, uma promessa. Ou até mesmo dinheiro. Em níveis diversos, há quem compre o voto de quem precisa de cargos. Durante a campanha, ouvi falar disso muitas vezes, mas sempre havia alguém que me dizia: não fale nisso jamais, pois não se tem como provar. E, em geral, me diziam também: quem compra votos é capaz de matar. Não se brinca com essa gente.

No Rio de Janeiro, depois do assassinato de Marielle Franco, não se duvida de mais nada. O nível de criminalidade associada à política é desmedido e, ao mesmo tempo, nada pode ser comprovado; tampouco o deve ser, pois a justiça deixou de ser isenta há muito tempo. Já nos acostumamos a isso. Melhor não se envolver, não citar nomes, para não vir a pagar um preço alto por esses gestos.

Há maneiras diversas de comprar e vender o voto, ou de, evitando esses termos tão duros, conseguir votos. Esse ato de "conseguir" parece sempre legítimo quando se está no terreno da persuasão ou da sedução. A retórica continua sendo o campo da política por excelência. Enquanto ela for uma questão, significa que não descemos ao patamar mais baixo da barbárie, que é quando chegamos à aniquilação da linguagem. Se analisarmos as falas dos novos presidentes dos Estados Unidos e do Brasil, veremos o que significa aniquilação da linguagem.

Como o voto é uma escolha subjetiva, a manipulação mental é a regra. É da natureza do voto que ele seja aberto à manipulação psicológica e lógica. As pessoas votam por afetos bons e maus, por lógica, mas também pelos raciocínios mais distorcidos. Votam, afinal, pelos mais diversos motivos. Mas mesmo nos casos de se votar sem muita consciência, todos os que votam sabem que é um gesto pessoal de poder. Seria como chutar uma bola para o gol. Na verdade, nem todo mundo percebe o que está fazendo. Às vezes uma pessoa chuta apenas para dizer que o fez, outras tantas, para quebrar o nariz do goleiro. Há quem vote por puro esnobismo, apenas para causar. Mais que um gesto, o voto é um ato que vale muito. Um poder que se descarta ou que se manifesta para construir ou destruir. Manipular o voto, portanto, é manipular um ato político fundamental. Um ato originário, que está na origem da democracia participativa, que tem a intenção de igualar a todos em cidadania.

O poder se serve do capital e, na ausência do capital especificamente monetário ou financeiro, o poder transforma a si mesmo em arma, em algum tipo de violência. Quem não pode comprar, por falta de dinheiro, método ou em nome da moral, sempre pode fazer algo mais pueril como "roubar" votos. Não se trata de persuadir os indecisos, os que votam em branco ou anulam a votar em alguém. Trata-se de fazer campanha no mesmo campo, contra os próprios, tirando votos dos colegas ao dizer: não vote em fulano de tal, pois ele já está eleito. E sempre se pode fazer a campanha de voto útil, um pouco mais limpa, mas igualmente questionável de um ponto de vista moral. Campanhas de voto útil têm sido muito usadas, sobretudo pela esquerda política. A direita não tem esse tipo de problema, pois para ela sobram votos. Eu mesma fui vítima desse tipo de prática, realizada por um partido que resolveu se autodenominar a única alternativa da esquerda no Rio de Janeiro. É preciso ter muita empáfia para se autocompreender desse modo. Como prática publicitária de quem pensa que política é o lugar onde quem tem mais chora menos, não há o que dizer.

Não quero também demonizar o voto útil. Quero questioná-lo. Ora, além disso é preciso dizer: "Quem nunca votou 'útil' que atire a primeira pedra." Não podemos simplesmente devolver moralismo aos moralistas. Precisamos avançar rumo à ética. Mas quem são os moralistas em política? Como pode haver moralistas em política, esse mundo que perdeu completamente a relação com a ética? É que o moralismo é justamente a degeneração da ética. E, como tudo o que é degenerado tem muito valor desde a mutação vivida por nossa cultura política, o moralismo impera, sobretudo na extrema direita e na extrema esquerda.

E "moralismo" quer basicamente dizer que quem age fora dos padrões éticos e razoáveis é quem precisa parecer o mais ético e razoável de todos. É um fato que a ética e a política se separaram há muito tempo. O moralismo apareceu justamente aí, onde a ética falhou e foi transformada em um capital político usado por certos partidos. Há moralismos diversos, teremos que falar sempre deles, assim como há corrupções diversas. Mas clamar por uma ética real, pelo questionamento e pela reflexão, contra o moralismo, nunca será demais. Sempre será ético falar a verdade, falar às claras sobre o que se faz para que a política supere a sensação de algo torpe, escuso, obscuro. Essa sensação que cria uma péssima atmosfera e induz as pessoas a se afastar daquilo que é profundamente decisivo em sua vida.

36. União das esquerdas

A questão da união das esquerdas continua sendo uma das mais sérias quando se trata de política. "Esquerda", por sua vez, é um conceito móvel. A oposição entre esquerda e direita voltou à tona no cenário de polarizações que vivemos em política nos últimos anos. Infelizmente, esquerda e direita são, no imaginário popular brasileiro de hoje, posturas antidialógicas, vistas até mesmo como extremismos. As necessárias nuances que fazem bem à vida política têm sido apagadas. E, no atual estágio de fascistização em que vivemos, até a direita democrática é tratada como esquerda. Como dividir é uma estratégia da guerra híbrida usada pelo capitalismo em geral, estratégia que teve sua exacerbação na campanha de 2018, eu uso essas expressões "direita" e "esquerda", mas apenas didaticamente, pois não acredito que possamos assumi-las como se também elas não estivessem sendo manipuladas.

Ao mesmo tempo, é preciso dizer que, sendo eu uma pessoa de esquerda, não seria decente me colocar como a pessoa que falará mal da esquerda. Nem dos seus partidos. Nem da ideia de partido de um modo geral, pois já passei dessa fase anarquista. Sempre me considerei muito anarquista para gostar de partidos e de definições tais como "direita" e "esquerda", até que começaram a dizer a certos membros da esquerda que aqueles que não se assumem como esquerda são de direita. Trata-se de uma falácia de redução ao absurdo. "Esquerda" é um termo que usamos, mas que, antes, passou a nos designar, assim como o termo "feminismo". Usamos o termo positivamente, nós que somos de esquerda, mas, ao mesmo tempo, ele se presta a uma estratégia complexa, a da polarização que em tudo ajuda na divisão. A presença dialógica das diferenças não deve ser confundida com a divisão. A sociedade é dividida, mas deve haver lucidez sobre a luta por hegemonia, sob pena de buscarmos inimigos fantasiosos entre nós mesmos e acabarmos por ajudar no nosso próprio esfacelamento.

Mesmo assim, não posso me furtar à desmistificação. Antes de direita e esquerda existe a divisão da sociedade entre os políticos e os não políticos. A imensa maioria da população, digamos mais uma vez, não quer saber de política. Creio que uma aproximação maior das pessoas com a política depende de uma desmistificação geral dos partidos, das tendências e das posições. Só assim superaremos as fases de demonização e endeusamento, de mistificação geral, e trataremos a vida política com mais cuidado, tornando-a uma esfera onde o trânsito da diversidade baseada em respeito a direitos e luta por uma sociedade justa se torne viável.

As tensões políticas entre esquerda e direita não têm ajudado muito a cabeça do cidadão comum. Na hora do voto, é muito fácil, para quem não tem muita preocupação ou preparo, votar à direita. Trata-se de um voto sempre mais simples. Votar é um gesto, na prática, conservador. Vota-se no que está dado, naquilo que já se conhece. Não naquilo que nos desafia. Os mecanismos de crítica e de análise são sempre mais complicados do que as respostas prontas. O terreno para as manipulações sempre está pronto. Há milênios, séculos de discursos e práticas, de construções de narrativas, de imaginários, de conceitos acumulados fazendo a cabeça de papelão das gerações e das massas. A tarefa de qualquer cidadão seria lutar por uma sociedade mais justa do que esta que conhecemos e para que esquerda e direita fizessem sentido; todos, independentemente de sua filiação, deveriam lutar por democracia radical. Certamente a vitória da luta por hegemonia daria vitória ao amor e ao respeito ao próximo, e a ideia de direita desapareceria como que por mágica.

A tarefa do setor da sociedade que se autodefine como esquerda é recriar a democracia. Para isso, precisamos meditar sobre o que significa a democracia como a saúde do nosso viver em comum. A cura da política dependerá da prevenção contra o fascismo, a catástrofe social que deriva de arranjos destrutivos entre a mentalidade e as instituições.

37. A inevitável vida comum

A democracia constitui a saúde social da vida humana, ela mesma uma vida política, uma vida de laços, convívios, comunidades, partilhas. Essa é a vida baseada na potência das relações, em mediações, no espaço do "entre nós" que jamais deveríamos perder de vista, sobretudo nos momentos mais tensos de nossas experiências coletivas e nos momentos mais melancólicos de nossa vida pessoal.

A vida política é, em um sentido básico, a vida que necessariamente vivemos tendo algo em comum com os outros. O que temos em comum com os demais se refere a algo de inevitável, a um aspecto incontornável da existência, pois não estamos no mundo sós. A política é o caráter inevitável da vida, o fato de que, justamente por sermos individualidades, partilhamos um mundo uns com os outros. Dependemos uns dos outros. Política é, na vida, o que diz respeito às relações necessárias, aquelas que não podem ser negadas. Rejeitar essa dimensão é uma estupidez, pois não temos como fugir dela. E por isso mesmo, por ser tão fundamental e tão importante, é que a política pode ser o lugar das nossas mais profundas frustrações.

Devido ao seu caráter inevitável, a política é análoga à morte, com a qual igualmente não queremos lidar, para a qual não queremos olhar. E, no entanto, ela está ali, pronta a nos capturar um dia, a exigir algo de nós, às vezes o que somos, o que temos, o todo da nossa existência.

A vida política é democrática quando levada de maneira respeitosa no que se refere a cada pessoa, a cada ser que existe, sob a forma humana ou não. Afinal, é preciso incluir os outros seres no que entendemos por "vida política", animais e vegetais, os biomas, as florestas, os rios, as cidades. Eu incluiria até mesmo o ser da memória, que tanto nos faz falta. A vida política é feita de muitas coisas abstratas e, no entanto, fundamentais: palavras, conceitos, ideias. Mas não devemos esquecer que a vida política é democrática também em um nível por todos conhecido: quando se respeitam os limites constitucionais, quando respeitamos as instituições que nos parecem tão abstratas, e as pessoas que são por elas representadas, aquelas que não conhecemos, ou seja, aquelas com as quais não temos contato físico, com as quais, ao mesmo tempo, temos a complexa vida em comum que é a vida da política.

Refiro-me a uma vida política como "vida em comum" para dar ênfase a essa vida "no comum". Falo do comum para além do comum da intimidade, falo de um "comum" infinitamente mais complexo. O "comum" que experimentamos com aqueles que não fazem parte do nosso círculo de gente mais próxima e familiar. O comum que é a sociedade, a natureza, a cultura, os valores, os direitos. O comum como o que está entre nós. Um país é um exemplo de algo que temos em comum nesse sentido complexo. Em comum com os outros que habitam o mesmo território ou têm a mesma nacionalidade. Comum é aquilo que nos liga aos outros temporária ou perenemente. Pensemos nos territórios, nos povos, nas tradições, nas nações, nos movimentos, nas associações. Pensemos nos desejos, nas lutas e naquilo que sustenta a dignidade humana, aquilo que, em nós, não tem preço. Esse é o nosso comum mais evidente. Pensemos, além disso, no que nos afeta a todos, as imagens, os sentimentos, os acontecimentos partilhados. Lembremo-nos da linguagem humana, que nos permite comunicar e expressar. Tudo isso nos une em um sentido afetivo e sensível.

A política é a vida que temos em comum com pessoas que nem sequer conhecemos, ela é aquilo que temos em comum com outros apenas porque são pessoas, como nós, e têm o direito de habitar este mundo, como qualquer um de nós. Essa vida em comum se expressa nas leis, nas constituições, nas instituições, nos acordos e consensos que fazemos sem que precisemos ser amigos, companheiros ou familiares. A política é aquilo que está por trás de tudo que vivemos, que está na base do que vivemos, nos dando sustentação. Algo, portanto, definitivo e absoluto sem o qual o todo da vida social se esboroa. A democracia é, por sua vez, a manutenção de uma vida política, ou seja, de uma vida em comum, sem violência.

A intenção de ressignificar a política e a democracia é visível nessas palavras. Mas "ressignificar" não quer dizer nada além de olhar atentamente e, por meio dessa atenção cuidadosa, mostrar aspectos das questões que, até agora, não foram avaliados. Quando ressignifico algo, não estou reinventando nem reinterpretando esse algo, estou apenas tornando visível algum aspecto que possa ter ficado em segundo plano. Está em questão a importância de prestar atenção no que se tem para perceber seu real sentido e valor. Assim como a energia elétrica, que nos faz falta, a política e a democracia podem ser mais bem percebidas quando não estão presentes. É com o espírito dessa carência — que, ao mesmo tempo, deve revivificar o desejo pelo que nos falta — que eu gostaria que cada frase deste modesto livro estivesse sendo lida.

Infelizmente, estamos historicamente na contramão desse processo. Enquanto minorias políticas tentam ressignificar a política na direção de um "consenso conflitual"[25] como o único possível, as elites econômicas investem no cancelamento da política, como se a política fosse o nosso problema, e eliminá-la fosse a solução. Mas se contradizem quando usam a política para isso e não a eliminam de modo algum, ao contrário, usam-na em benefício próprio.

38. Estamos fugindo de nossos caçadores

Diz-se que "um dia da caça, outro do caçador", e o que estamos colocando aqui não deixa de se inscrever na meditação sobre o conteúdo de verdade que possa haver nesse simples ditado popular. A caça não pode deixar de "remeter", neste país dos palíndromos infelizes (vide o nome do presidente golpista e usurpador que fez a transição do golpe ao autoritarismo democrático que vivemos hoje: Temer), à ideia da cassação generalizada, à perseguição ideológica e política, muitas vezes mascarada de moralismo, de fé religiosa, de poder judiciário, com o intuito de esconder interesses econômicos. A cassação tornou-se uma prática política e cultural, uma operação de autoritarismo judicial. Na guerra híbrida de que faz parte, ela implica ainda o cancelamento das leis que deveriam justamente proteger direitos e vidas, tanto em sua dimensão objetiva quanto subjetiva, tanto em suas condições de existência física e material quanto psíquica.

A caça à qual me refiro é tanto a das bruxas quanto a dos animais abatidos, como vem sendo prometido pelos donos do poder em voga. Nosso é o tempo do medo cotidiano, do horror à diferença, do terrorismo de Estado, sob os quais se esconde um pavor infinitamente maior e impossível de contornar. Estamos mergulhados nele. Nossos algozes se forjam sob seu efeito. Mas não nos desesperemos, apesar de todo o clima de *Apocalipse Now*. O desespero nunca nos ajuda. Precisamos compreender os novos tempos e o que há neles de arcaico, apesar das altíssimas tecnologias e da sensação de que fazemos mágica, com o dedo na tela de computadores, tablets e celulares. A era dos teclados se foi, agora é outro tipo de toque que nos convence de que somos mágicos.

Ora, com a mudança das condições tecnológicas, não apenas os implementos tradicionais da caça se especializam, mas se modifica também o sentido da caça. A questão do avanço das tecnologias não diz respeito apenas à especialização do que já era conhecido, tornando as armas habituais mais potentes, nem apenas à criação de novas tecnologias. As tecnologias mudam o sentido do ser do mundo e do ser humano no mundo, aquilo que, em filosofia, chamamos de "ontologia".

A expansão da tecnologia não representa um avanço apenas vertical, mas horizontal. A expansão refere-se a um modo de ser que elimina o que não é tecnológico. O digital é a tecnologia do armazenamento e do transporte de dados. Na prática real diária, serve para comunicar e resolver problemas. Mas serve também para um gesto que, na internet, deturpa-se com facilidade quando a relação com os meios de comunicação não é considerada e analisada, tendo em vista os fins a que servem os meios. Refiro-me ao ato de pesquisar. Usamos a expressão "navegar" em referência ao ato de nos dirigirmos a algum "lugar", a um "sítio" ou "site". Esse "ir" tem ou não destino. Muitas vezes não sabemos aonde vamos, mas às vezes sabemos muito bem. Podemos, nesse sentido, falar de um caráter virtuoso da internet, de sua rapidez e eficiência, da acessibilidade que ela oferece, mas também de um lado viciado. No caso do ato de "pesquisar", o lado viciado pode se referir tanto a uma espécie de monomania, passar o dia todo "buscando" algo sem que haja limites quanto a fixações. Nessa medida, com o advento das redes sociais, o ato de buscar passou cada vez mais a se relacionar a pessoas.

39. O *stalker*, caçador digital

Se antes um "fã" buscava saber sobre a vida de seu ídolo, até mesmo a vida íntima, há bastante tempo transformada em mercadoria midiática por grandes jornais, revistas e televisões, agora qualquer um pode buscar saber sobre a vida de uma pessoa qualquer, sejam as chamadas celebridades, nas suas mais variadas escalas, seja um vizinho ou familiar. O interesse na vida do outro é algo que se pode considerar natural, mas a mera exposição tratada como um valor, associada à potencialização dos mecanismos de conhecimento, sem que haja qualquer reflexão sobre essas atitudes, leva pessoas a se envolverem de um modo sintomático com o que é o espaço da vida dos outros.

Enquanto a dimensão do comum, nesse sentido já enunciado, é esquecida, aquilo que pertence ao outro — a sua privacidade, a sua subjetividade e até mesmo a sua imagem — é invadido. Há, em certos momentos, uma invasão consentida. Como se existisse algo em comum que pudesse ser tocado por todos. É como se estivéssemos desmanchados nas redes, como se um espaço pessoal estivesse imediatamente "con-fundido" com o espaço dos outros. Essa invasão geral é natural à rede e é de tal maneira consentida que as pessoas chegam a se sentir culpadas no momento em que impedem a participação de outros em seus espaços virtuais. Isso quer dizer que a rede é um lugar de exercício do comum, mas esse comum é tratado apenas como um espaço comum no qual não se busca necessariamente um respeito comum. Ele é usado e, ao mesmo tempo, abusado.

Há pessoas que defendem a "liberdade de expressão" nas redes, como se qualquer expressão, mesmo as destrutivas, desrespeitosas e más devessem estar ali. Há uma espécie de autorização coletiva ao exercício da maledicência, do xingamento, até o limite dos linchamentos virtuais. Por trás disso, um desentendimento profundo. A principal falácia exercida na rede, aquela que se transforma em um verdadeiro fundamento da linguagem no atual estágio dos jogos de linguagem virtuais, é a falácia naturalista. Aquela por meio da qual se acredita e se defende que aquilo que "é" também deve necessariamente "se tornar". Que tudo o que se diz é uma forma de "liberdade de expressão" apenas por ter sido dito.

A internet se torna um espaço de permissividade. Da permissão insidiosa, deturpada. Surge a figura do *stalker*, do observador e controlador, o perseguidor oculto. Pesquisador ou investigador deturpado, ele é o sujeito — no sentido cartesiano — profundo da internet. O protótipo do agente da guerra de todos contra todos. Se todos desejarem perseguir, todos se tornarão *stalkers*. Mas é isso o que a internet pode produzir se as pessoas continuarem a se deixar levar pela robotização que surge com a programação dada à vida humana pelas máquinas. Muitas pessoas são perseguidas por *stalkers* mais ou menos ameaçadores. Eu mesma já fui perseguida por muitos, em diversos níveis de psicopatia. Vários viviam perplexos com o fato de que eu não tivesse percebido sua presença, outros, com o fato de que eu não os seguisse na internet, outros pediam que eu pagasse suas contas, outros tinham dilemas como "casar com a Marcia Tiburi ou virar gay", outros prometiam me matar, outros apenas gostariam que eu prestasse atenção neles e respondesse aos seus xingamentos. Alguns se tornaram muito famosos e poderosos, e certamente me procuraram para que eu os ajudasse nesse processo. Muitos são simplesmente parasitas, sobretudo homens, que querem alcançar fama usando mulheres como alavancas para polêmicas. O que mais ofende esses espertos é que muitas dessas mulheres nunca lhes corresponderam e, desse modo, não lhes servem de trampolim para nada. Como eles não têm como brilhar sozinhos, por não terem brilho algum, enchem-se de raiva. Um que bloqueei em todas as minhas redes por anos acabou falando coisas horríveis sobre minha mãe. Mas ela foi avisada da tática e também deixou o boçal no seu lugar de solidão, chorando por um espelho para existir.

Enquanto nossos dados são roubados, enquanto vivemos no cativeiro das informações, enquanto somos vítimas do arquivamento geral de tudo o que vivemos e colaboramos com isso, fica claro que não somos só caçados, no sentido de estarmos na mira de tecnologias usadas por seres humanos e corporações, mas estamos também virtualmente aprisionados em uma jaula. De ágora virtual, a internet se transforma em uma grande prisão ou um zoológico, aquário ou frigorífico, conforme o valor de exposição que possa ter para a sociedade do espetáculo. Podemos traduzir em termos digitais a velha sentença hobbesiana: "O homem é o lobo do homem." Somos caçados digitalmente porque a caça é uma potencialidade da internet. Na navegação que a internet sugere, somos muitas vezes pescados como peixes tontos.

Vivemos, portanto, em tempos digitais. Nossa vida mudou radicalmente desde que surgiu a internet. Somos seres como que "desdobrados", vivendo duas vidas, e talvez seja por isso que muitos de nós se tornam pessoas com "duas caras", uma real, outra digital, sendo que esta última, muitas vezes, esconde a primeira. O ser e o não ser são totalmente outros desde que surgiu o mundo digital com seu cotidiano totalmente espectral. Um novo dualismo surge em nosso mundo: o do ser digital e do ser analógico. E há, nessa vida, quem prefira realizar-se em seu ser digital, mais do que em seu ser analógico.

Não podemos condenar ninguém por isso. É realmente difícil permanecer inteiro quando se tem lugares a ocupar e espetáculos nos quais ostentar muitas vezes o que não se possui. A vida falsa pode ser melhor do que a vida real para muita gente, mas quem teria coragem de atirar a primeira pedra na era da pobreza espiritual naturalizada?

40. Sob condições digitais

Sob condições digitais, nossos afetos, nossos sentidos, nossas percepções são outros. A linguagem humana se transforma em função da mudança das condições. É porque a linguagem é matéria de nossa reinvenção que mudam os nossos valores, as nossas ideias, muda inclusive a própria ideia de verdade. A própria noção do real, ou da realidade como aquilo que afirmamos sobre o "real", se modifica. Há algo de irreal com o qual aprendemos a conviver nas condições digitais da vida. Há também algo de falso na nova vida. Mas uma falsidade consentida, aceita, promovida e autorizada. Enquanto alguns se escandalizam, outros convivem com facilidade com as mentiras, à medida que elas deixam de ser exceção e se tornam regra. Podemos dizer que nosso tempo prefere a mentira, prefere as chamadas *fake news*, que sempre existiram com outros nomes em épocas diferentes, mas não de um modo tão potencializado. É evidente que sempre houve mentiras e boatos, fofocas e maledicências, e que as crenças inquestionáveis sempre tiveram defensores particulares, mas também instituições que delas se valeram. Mas em nossa era digital a difusão, que faz parte das potências dos meios, não depende mais de uma carta que demoraria tempos a chegar ao seu destino. Hoje somos um número muito maior de pessoas do que no passado e temos meios muito rápidos de difusão de mensagens.

Contudo, não somos donos dos meios de produção da linguagem. E aquela pessoa que pode se pronunciar nas redes sociais é apenas mais uma caixa de som, mais um megafone ligado, repetindo o que os donos dos meios de produção do pensamento decidem muito antes de essa pessoa vir a falar. Batizei esse fenômeno há tempos com o nome de "ventriloquacidade". Há uma produção de pensamentos na forma de clichês, de mentiras escancaradas e de falsidades que se apresentam como aceitáveis, que são repetidas e repetidas como um jogo compulsivo, que traz compensações emocionais e afetivas, muitas vezes as mais perturbadas, que são reproduzidas sem critério algum, por pessoas que, na maioria das vezes, não têm condições de perceber a falsidade e a falta de originalidade dos seus próprios dizeres.

Um fenômeno curioso é que as massas são constituídas de pessoas que já não se importam em ser quem são. Mas essa desimportância vem revestida de uma altíssima vontade de ser importante, o que aparece na prepotência e na concordância com qualquer ideia geral exposta nas redes que garanta essa prepotência. O xingamento tem garantido isso para quem tem as ideias muito curtas.

Estou me estendendo ao falar da vida digital. É que talvez não seja mais possível falar de nada sem levar esse novo lastro no qual estabelecemos nossas existências em conta. O todo da vida, a ética e a política se modificaram em função da internet. E a internet é o novo veículo de difusão inclusive das ideias delirantes. Temos que levar em conta as condições digitais da existência para pensar no todo da experiência humana daqui para a frente. A internet define muito do que vivemos, mas também a relação que estabelecemos hoje com a morte. E por isso também devemos nos ocupar em entender as mudanças da morte diante das condições digitais da vida. Evidentemente, refiro-me à vida aqui em um sentido genérico e político, e não apenas biológico.

Redes digitais são meios de comunicação — ora não violenta, ora violenta — como quaisquer outros, pois a violência está na potencialidade da linguagem. Mas as redes são também grandes mapas, são painéis de exposição, são telas de conhecimentos no sentido de próteses, onde se pode ver o que está em jogo, ora a mentira, ora a verdade. Mas a verdade mesma já não é o maior valor de nossa época. Ela cedeu lugar ao valor de exposição, ele sim, o valor de todos os valores dos novos tempos.

Além disso, é visível como a internet e as redes sociais são também necrológios, museus de memórias, inclusive dos mortos. A própria morte não é mais a mesma nas condições dadas pela internet.

41. Política espectral

A morte é uma categoria biológica, mas também uma categoria política. Ela é diferente para cada um. Negros e brancos, mulheres e homens, ricos e pobres, heterossexuais e não normativos, todos têm mortes relacionadas aos privilégios e marcadores de opressão lançados sobre o próprio corpo. Em nossa época, devemos nos colocar a questão da morte sob condições digitais. Há hoje uma morte digital. Do mesmo modo que há uma espécie de sobrevivência simbólica de quem já morreu, mas cujo avatar ou perfil é mantido nas redes sociais, não apenas como uma memória qualquer, mas como uma atuação viva. Há um exercício da morte simbolicamente produzido na internet.

Assim como se pode inventar a vida, os amores, as amizades, é possível inventar a morte, pois há "espectralizações" de todos os aspectos da vida e também da morte. Na internet se inventam a vida, os amores e as amizades, e, quando não se pode inventá-los, é possível simplesmente ostentá-los no contexto de um valor de exposição.

Hoje, as pessoas vivem e morrem na internet, nas redes sociais. Mas as redes não são apenas um espaço de exposição onde inocentemente se vê o que aconteceu: elas influenciam a vida que lhes dá suporte. Elas realizam um estranho bovarismo em nossa época: a ilusão de que nas redes sociais a vida é melhor. Basta olhar as imagens de redes como Instagram. Ali todos são felizes. As fotografias de si mesmos, as *selfies* criaram esse mundo de felicidades imagéticas baseadas na expressão de um sorriso falso. O próprio sorriso se tornou um capital espiritual, por mais estranha que possa ser a ideia de um "capital espiritual".

Coloco todas essas questões porque precisamos pensar nossa vida em comum. E há espectros do comum fazendo nossa cabeça. As formas de construção da vida — e dos amores e das amizades, como eu disse há pouco, bem como das inimizades — em um contexto em que a exposição vale mais do que a verdade. A vida, e nela os amores e as amizades, antes dependiam da velha ideia de verdade. Mas em nossa época as coisas não são mais assim. Amigos e inimigos hoje não são mais o que eram ontem. São apenas espectros.

A meu ver, esse é um dos temas mais importantes para pensarmos os nexos entre internet e política em nosso tempo. A política sempre foi uma questão de vida e morte, mas hoje ela obedece à ideia de vida e morte na internet. Assim como Foucault definiu a política moderna como biopolítica, podemos definir a política atual, sob as condições digitais, como "virtual-política", "digital-política" ou, considerando seu caráter tão impressionante quanto aterrador, como "espectropolítica". Impressionante, porque todos começaram a fazer parte de uma certa vida política, aterrador, porque chegam a essa prática política, a uma forma de ação que, infelizmente, é desprovida de conteúdo. E como nada se sustenta sem conteúdo, por mais precário que um conteúdo possa ser, as pessoas recorrem ao procedimento básico da linguagem formal da internet: o *copy/paste*, ou "copiar e colar", que foi introjetado pelas massas e que hoje garante aquele mínimo de subjetividade — mesmo que precária —, que se organizou em uma nova forma mental preguiçosa e prepotente.

Os discursos políticos têm tudo a ver com isso. Há algo de realmente estúpido nas falas políticas típicas. O que há de estúpido nelas é o elemento publicitário, o trecho da fala repetitiva, e que deve ser repetida. Não importa a filiação ideológica ou partidária, os políticos brilhantes são aqueles que recriam o que dizem, mas, a rigor, mostram que a política conhecida até aqui não é uma prática da verdade buscada pelo discurso, é uma prática da repetição do discurso que "cola", que dá certo aos ouvidos pouco especializados de quem ouve sem se preocupar com a forma e o conteúdo do que é dito. Durante a campanha política, me pediam que falasse mais em termos políticos. Eu, que sempre questionei esses "termos", que sempre preferi o diálogo ao discurso, fiz todos os esforços para que houvesse vida dentro do discurso, ou seja, para que ele fosse uma forma de comunicação não violenta.

42. Fogueiras das vaidades digitais

Precisamos saber que as armas da comunicação violenta, sediciosa, torturante, estão aí destruindo pessoas em uma escala industrial. Hoje, ninguém pode pensar em política sem levar em conta o poder da comunicação digital em escala industrial durante as guerras híbridas e guerrilhas mentais e psicológicas em tempos de campanha, por exemplo. Mas há também a questão da subjetividade. De como as pessoas se deixam levar por jogos pérfidos em seu íntimo. Como pessoas que sempre se manifestaram em favor do "bem" são capazes de se deixar levar por qualquer um que os faça confundir bem e mal? Aqui, uma questão que não pode deixar de ser mencionada: O que leva pessoas experientes, adultas, que já viveram momentos politicamente complexos, a repetir clichês que levam sempre aos mesmos erros relacionados à política?

Alguém dirá que não devemos nos preocupar tanto com a internet. Que talvez tudo simplesmente se encerre, como tantas amizades e amores produzidos virtualmente, em derramamento de sangue e fogueiras apenas digitais. Alguém dirá que a caça às bruxas se resolve na internet e fica por ali mesmo, na selva digital que se contenta com o espetáculo, que vive para si mesma, e que aqueles que se mantiverem afastados das redes e da internet conseguirão viver livres dos seus problemas. Mas isso não é verdade, porque a vida no mundo digital se tornou um hábito coletivo. É uma nova hegemonia comunicacional que, aos poucos, suplanta a televisão, velha dona da produção da linguagem, das teorias populares, da verdade e da mentira comuns.

No Brasil, estima-se que oitenta por cento da população entre nove e dezessete anos use a internet, e noventa por cento desses jovens têm algum perfil nas redes sociais. As pessoas passam muito tempo de vida conectadas à internet, trabalhando ou se entretendo. A tendência é que esse hábito se torne cada vez mais comum. E, se tudo o que se faz na vida analógica se faz na internet, há ainda a vantagem de que ali é possível esconder muito do que se faz, muito melhor do que se poderia esconder com meios analógicos. E, enquanto uns caçam bruxas, outros queimam na fogueira das vaidades digitais, onde o narcisismo dá seus shows e diverte quem está livre dele. Mas quem está livre dele? Quem passa o tempo fazendo comentários de desabono e proferindo xingamentos estaria livre de narcisismo? Em que parte dos dispositivos do poder delirante esses cidadãos se encontram?

Ao mesmo tempo, toda imoralidade, toda falta de ética, todas as contravenções e todos os crimes praticados virtualmente, uma vez que são muitos, são naturalizados, e a grande maioria daqueles que os praticam nem sequer é questionada. Sociedades autoritárias são sociedades com falhas éticas naturalizadas. Sociedades nas quais os indivíduos agem impondo sua vontade aos demais, sem capacidade de reconhecer o lugar do outro, a alteridade e a diferença.

43. *Invidia penis*

Há um cálculo sobre a vida digital que faz parte da política atual. Há tempos falei de uma "política vodu", inspirada na ideia da economia neoliberal, a "economia vodu", vazia de conteúdo social, vazia de produção, voltada para o lucro pelo lucro, típica do rentismo que reduziu a economia a uma conta bancária.

No artigo em que falei sobre isso eu também falava do esvaziamento da política que era fruto do esvaziamento da ética. A ética — não a moral, muito menos o moralismo, que ainda é usado para iludir os inocentes — deveria ser sempre o conteúdo da política. A política espectral é vazia desse conteúdo, uma mera máscara da política. Já falei em muitos outros textos sobre essa diferença entre ética e moral. A ética como a reflexão sobre a moral; a moral sendo um conjunto de hábitos, costumes e regras. O moralismo seria a deturpação até mesmo da moral. Políticos de todo lugar fazem uso do moralismo para fins eleitoreiros. E muitas vezes o moralismo não é apenas sem ética, mas também contra a ética. O fundamento ontológico do autoritarismo é uma lacuna ética essencial, aquela que impede o reconhecimento do outro. Mas o moralismo acoberta isso.

Nesse momento, devemos voltar ao tema da espectralidade. De fato, criamos um novo campo no qual realizar uma estranha experiência política; e toda a nossa análise antropológica, etnológica ou filosófica sobre política e sobre o todo das nossas relações humanas, em si mesmas políticas, deverá ser analisada à luz dessa nova dimensão.

A espectropolítica é a política reduzida à fantasmagoria. Uma política feita de aparições, de personagens bizarros, de cenas que em tudo se parecem a filmes de terror. Sua característica é o ambiente tóxico no qual se é facilmente infeliz, do qual se sente medo e nojo. A espectropolítica é a prática política sem conteúdo. Há os que a construíram justamente para se aproveitar dela, uma vez que ela garante o poder pelo poder. Há exemplos por todo lado: do deputado que, "mamando" na coisa pública por quase trinta anos sem nada fazer pelo povo, sem participar do debate, sem defender o povo, sendo um agente da mistificação, elege-se presidente da República, ao sujeito que vota estranhamente dizendo que não sabe nada de política. O primeiro é um agente das mais pérfidas práticas políticas, inclusive da velha prática que envolve enganar o povo, o cinismo e a conspurcação da psique pelos jogos manipulatórios da desinformação e da mistificação. Já o segundo seria um otário do primeiro. Ambos, no entanto, são parte de um sistema. O segundo, um cidadão perdido, desinformado e sem acesso ao debate, está à mercê de quem quiser se aproveitar dele. E esse "aproveitamento" faz parte do sistema em todo lugar e em qualquer tempo.

O que também espanta no cenário da espectropolítica é a prática política dos poderosos reduzida ao *bullying*. Muito da prática da intimidação, de ameaças até mesmo de morte e extermínio, de todo tipo de violência verbal que vemos nas falas de seus agentes (antes candidatos e agora ministros, deputados, governadores, senadores eleitos), muitas dessas manifestações políticas têm algo de uma bufonaria meio infantilizada. Alguns desses personagens parecem andar armados com revólveres de plástico, em uma exposição que sempre pode remeter à velha e infantil *invidia penis*. As encenações atingem o grotesco.

Muita gente duvida de que essas ameaças — que se confundiram com as "promessas" de campanha — venham a se realizar, como se sua função de perturbar mentalmente a população já não tivesse se realizado. A espectropolítica é uma espécie de pesadelo do qual será muito difícil acordar. O esforço de hoje é, novamente, o da razão e da lucidez contra os delírios programáticos impostos, à força, às pessoas humilhadas, por falta de compreensão, conhecimento e simples exercício da cidadania.

44. *Bullying*

É um fato que a prática de crimes e ilicitudes em geral é uma especialidade de nosso tempo ultradigital, em que o valor do espetáculo suplanta todos os demais. Existe, do mesmo modo, um exibicionismo criminal que merecia uma análise científica. Crimes relacionados pura e simplesmente à imagem de pessoas se tornam comuns, já que as imagens são o capital. Injúrias, calúnias ou difamações disputam espaço com uma prática difusa de *bullying* em que se combinam os atos de fazer troça do outro e ao mesmo tempo ameaçá-lo. Linchamentos digitais são ataques relacionados à imagem, assim como roubos de imagem, típicos de assaltantes midiáticos.

Quando falamos de espetáculo da vida virtual, esperamos, na verdade, que tudo fique por ali mesmo, que não passemos disso. Daí a nossa crença de que algo que está na internet não esteja acontecendo "de verdade". Que dali não passe. Infelizmente, essa torcida não adianta de muita coisa. Sabemos que o virtual, seja ele digital ou televisivo, constrói narrativas e cria climas emocionais que definem radicalmente o que somos e o que fazemos. E o virtual não é a ficção que sabemos ser criada e inventada para copiar ou inspirar a vida; o virtual tem valor de verdade e, mais que isso, de realidade.

Nosso modo de ser tecnológico e digital parece satisfazer-se no espetacular apenas quando lhe convém. Há muita coisa que resolvemos na esfera digital, que nos sentimos até mesmo realizando nela. Amores, amizades, o ideal de uma vida feliz. A "amizade de Facebook" assumiu um status curioso nesse sentido. Na verdade, sabemos que o âmbito do espetacular causa efeitos, mesmo que eles sejam puramente espectrais. Mas há mais nesse mundo de espectros. E o principal efeito dos espectros é causar alucinações, pavores, confusão mental. Não podemos esquecer que toda imagem é performativa. A realidade não escapa às imagens. Nesse sentido, as imagens nunca são apenas imagens. E quem não perceber isso será otário, mas quem perceber e manipular será cínico. Por isso, ou há um uso hipócrita das redes, ou a hipocrisia é ínsita à própria tecnologia. É que as redes tiraram o cinismo das sombras e o trouxeram à luz, com a ajuda da covardia.

A postura moral da nossa época é a covardia. Há uma destruição digital de pessoas. Esse também é o objetivo das chamadas *fake news*, que fazem parte de um projeto maior de desinformação e de destruição da noção de realidade. Há uma validade política digital, um sucesso no âmbito do digital. A destruição política clássica, aquela que envolve pancadarias e emboscadas, prisões e assassinatos, calúnias e difamações, não desapareceu; agora ela divide espaço e multiplica sua potência com as novas tecnologias. Essas novas tecnologias apenas aceleram a parte da violência própria à destruição geral que é uma potencialidade do poder. A violência é uma potência do poder, e essas novas tecnologias tornaram o poder ainda mais complexo.

A promessa que elegeu alguns políticos é agora objeto de ostentação na política para os Freddys Kruegers que vivem de transformá-la em *bullying*. Quem era alvo sabe que continuará a ser, quem não era se prepara para uma existência em fuga. Os indesejáveis estão na mira há muito tempo. E a vez dos que simplesmente ousam discordar voltou como se assistíssemos a uma espécie de eterno retorno, só que em uma nova escala, ou em uma escala que há tempos não víamos, uma escala de exigência universal na qual é proibido não estar de acordo. Se a aniquilação tanatopolítica tornou-se ao longo da história moderna um simples "deixar morrer" os indesejáveis, no processo de retorno ao passado, voltaremos à aniquilação concreta de pessoas, prática do poder que nunca desapareceu, mas que, sob a mira das leis, implicava consequências para os agentes, em uma palavra, assassinos.

A concordância ou a morte; abaixar a cabeça ou morrer, eis a escolha a ser feita, de uma maneira tão simples quanto perversa, em uma sociedade que há muito tempo escalona a morte e que decidiu, no caso do Brasil, elevar essa matança a propaganda de governo. A covardia dos regimes autoritários e das personalidades autoritárias que os sustentam é sempre apresentada como uma chantagem que esconde seu próprio funcionamento como chantagem. Na alternativa "ou se está de acordo, ou se deve morrer", esconde-se a covardia inerente à força bruta. E, no estilo que convém ao tempo, imita-se a indústria cultural: o autoritarismo se torna pop.

45. Chantagem

Não há autoritarismo sem chantagem, assim como não há capitalismo sem sedução. No entanto, mesmo quem não está de acordo muitas vezes se acovarda por medo de morrer. Em certos momentos históricos, não há opção entre a covardia e a morte. A paralisia política é uma prova de que o regime venceu onde não poderia ter vencido; fazer vicejar a flor da solidariedade e do respeito na alma humana é uma tarefa de anos, décadas, séculos, que temos pela frente.

A covardia, postura política essencialmente antipolítica, aceita sem muito conflito o fim da democracia porque, desde sempre, colaborou com o processo. A covardia tem muitos disfarces, mas o seu principal disfarce tem sempre algo de histrionismo histérico. Daí as cenas de macheza que há tempos configuram a performance do poder, a preferência pela gritaria assassina dos fascistas, covardes paranoicos que se sentem gigantes quando conseguem colocar medo nos outros. Emulações de Conde Drácula e Freddy Krueger apostam em uma performance bizarra aprendida em filmes adolescentes para fazer "política".

A política é, assim, reduzida a tocar pânico em quem estiver por perto. O sujeito perverso, com sua arma na mão e a promessa de morte, emerge na política totalmente autorizado. O medo no olhar do outro é a sua única conquista. E mesmo assim não é sua, pertence a quem ele está imitando, robô que é de narrativas alheias que não teria criatividade para criar. Esse medo no olhar do outro é só o que pode justificar a vida injustificável para ele mesmo, boneco assassino cheio do poder próprio, personagem de um pesadelo. O que esse sujeito perverso não sabe e nunca saberá é que sua própria existência confirma aquilo que ele tenta provar nos outros. Que ele não é nada senão uma figura arquitetada por outros. Fantoche mal-arranjado.

O fascismo no Brasil, escolhido em um processo democrático, por meio de milhões de votos, não importa se fraudados ou não, elegeu um zumbi que prometeu um banho de sangue com o qual se alegram todos os que foram contaminados pela zumbificação geral que se alastra na sociedade. A política reduzida ao morto-vivo configura o delírio-zumbi. O banho de sangue que uma parcela imensa da população aprendeu a amar na televisão é a promessa de realidade na qual ninguém acredita até que ela aconteça.

A analogia com zumbis faz todo o sentido em uma sociedade que se encontra mergulhada em um pesadelo. Falar de fraude ou contestar a consciência dos eleitores capazes de eleger Hitler, ou um avatar dele, como o presidente do Brasil seria uma discussão inútil. A escolha está dada, e reconhecê-la, seja ela inteligente e saudável ou não, é sinal de sanidade dos que insistem em manter uma esperança: a de que um contrato social dado nas instituições cessaria a guerra de todos contra todos. Estamos em plena guerra epistemológica de todos contra todos e sendo movidos por estrategistas psíquicos.

A televisão, as Igrejas Neopentecostais, os movimentos conservadores, os partidos moralistas passam por cima das instituições com o aval daqueles indivíduos que, em sua posição de políticos, juízes, profissionais em geral, deveriam protegê-las. No entanto, preferem incitar o ódio, em um grande movimento de destruição de tudo o que se apresente como lugar do outro, como prazer ou como alegria de ser como se é.

É verdade que já não podemos salvar a democracia em nenhum sentido; ela implodiu por si mesma, por não conseguir organizar sua própria sobrevivência. E, no entanto, é da democracia representativa que se trata. De um governo eleito democraticamente. A democracia se pervertendo mais uma vez, como acontece em diversos países. A democracia pode de fato ser uma forma de governo patética, mas mesmo assim sempre seria, caso conseguisse se sustentar, melhor do que tiranias e ditaduras. Entretanto, quando se elege por meio de metodologias democráticas algo que significa a sua destruição, temos que voltar à compreensão das bases que sustentam o conteúdo das escolhas. Pois o correto é que continuemos usando a escolha como um mecanismo democrático. Ao mesmo tempo, é claro que a democracia não deveria ser apenas um processo formal. Por isso, falar de seu conteúdo é, mais uma vez, falar da utopia de um mundo em que seres humanos respeitem uns aos outros, seus lugares e suas potencialidades, em uma palavra, seus direitos.

Estamos no oposto, mergulhados no ácido corrosivo do ódio que sustenta o autoritarismo. Dialeticamente, no ponto em que a dialética da história atinge a perversão, a democracia sofreu uma torção. Essa torção não surgiu apenas do desejo humano e cidadão, veio também de uma impressionante manipulação das massas. A sociedade é tratada como um canil no qual são trancados cães que devem aprender a atacar. Animais incitados ao ódio. O que há de vir em termos políticos e sociais, o que acontece neste momento em nome do ódio, já se sabe pelo passado histórico e pelas análises filosóficas, sociológicas e psicanalíticas. A destruição do ser humano é, mais uma vez, sua própria obra.

Estamos em um momento em que a posição de quem é crítico a esse estado do mundo obriga à resistência. Ao mesmo tempo, é o momento em que aqueles que ocupam qualquer lugar de diferença tornam-se mera caça para o Estado ou, o que é ainda mais aterrador, para outros cidadãos: o vizinho, o colega, aquele que se encontra na rua desamparado. Ao mesmo tempo, cada indivíduo que está na posição de outro como indesejável ou inimigo também pode se tornar um caçador em potencial. Basta que se abandonem os limites democráticos em nome da sobrevivência, como muitos já abandonaram em nome de seus interesses egoístas.

Basta estar contra ou a favor do regime que se instaurou pela força ou pela enganação, embora sob roupagens democráticas, como no caso do Brasil e de seu mais impressionante e alucinado ataque a si mesmo dado em 2018. Um ataque relativamente indolor depois de tantas doses de anestesia. Um verdadeiro tiro no pé dado pelo eleitor ao escolher para presidente um garoto-propaganda da indústria armamentista, enquanto, ao mesmo tempo, sonhava em destruir o sistema. Mal sabem aqueles que ajudaram a jogar a criança da democracia com a água do banho da votação, aqueles que pretendiam destruir o sistema, que eles mesmos são sustentáculos do sistema, que são ao mesmo tempo juiz e parte e que, por isso mesmo, vão acabar como vítimas de si próprios.

Mas quem não será vítima dessa escolha coletiva? Todos somos responsabilizados pelo que os outros fazem em termos de política. E essa é a estranha culpa que a democracia nos impõe quando não conseguimos ser responsáveis por ela.

46. A consciência que nos une

A atendente segura com firmeza a bandeja de plástico na qual depositou meus pedidos: pão de queijo, café, um doce português. Depois de um silêncio que incluiu o desvio do seu olhar dedicado aos preparativos, ela me olha sem nenhuma ênfase e diz: "Moça, que pena que a senhora não venceu, agora a gente está frita." Eu escorrego para dentro dos seus olhos castanhos muito claros, quase amarelos, combinando com o lenço de estampa marrom-esverdeada que esconde seus cabelos. Não sei o que dizer. Tomo a bandeja, devolvo com os lábios o seu pesar, sem conseguir sorrir. A timidez do meu agradecimento se perde no silêncio da imensa sala quase vazia do aeroporto. Caminho alguns passos além do balcão, rumo à mesa onde Rubens me espera lendo *A dialética do esclarecimento* ou algo assim.

Sigo tendo a imagem dessa moça que me dedicou o seu trabalho, a sua paciência e a sua cumplicidade nessa frase entre o pão de queijo borrachudo, o café e o doce português, que ela me serviu aquecido demais. Estamos separadas e unidas por motivos conhecidos por todos e infelizmente ocultados por ideologias que mantêm a ordem mundial. Do outro lado do balcão, ela me dá uma breve percepção da vida a partir o seu ponto de vista. O particular é o universal, e há mais do que bondade para comigo na sua frase tocada por um tom de reflexão e medo. Nessa bandeja, ela entrega, junto aos pedidos, a mais simples e mais rara generosidade para comigo — que tenho a sorte de estar ali à sua frente naquele momento —, mas também um suave desespero, que, espero, venha a ser dissipado com notícias políticas melhores em tempos futuros.

Entre nós, o balcão a nos separar por alguns minutos. A nos unir, sobre esse mesmo balcão, sem medo algum das alturas próprias às utopias, esvoaça um sinal da consciência. Ele pode levar muito além daqueles poucos minutos em que estivemos juntas na parte oculta da história humana a que simplesmente nomeamos "dia a dia".

Agora, vendo essa jovem viva em minha memória, é que percebo que alguém quis escondê-la. É evidente que tentam apagá-la de algum modo nesse uniforme idêntico à paisagem do ambiente todo decorado que serve ao capital. Sempre se serve ao capital, porque é o seu olho que espreita cada uma de nossas ações. O capital é o espírito do caçador. E o design dessa loja de comida completa o diorama da jaula, ou bolha, em que fomos trancadas. Ou se está a favor do capital, ou se está contra ele. Ou se é caçador, ou se é caça.

Se ela pudesse, estaria fora desse cenário. Eu também. Só o que me conforta é que nos encontramos por alguns segundos e tivemos a oportunidade de uma troca. Podemos não nos sentir tão sós. A fala que ela me dirige timidamente vem carregada de camadas e camadas de silêncio acumulado e de vontade de desaparecer, de estar a salvo do olho que tudo controla.

Ela foi escondida pelo desejo do capital, pelos esquemas e dispositivos que o sustentam. É uma imagem dialética da história que eu vejo diante de mim enquanto procuro um modo de suportar esses dias sombrios. Ela está camuflada, mas duplamente camuflada. Melhor ainda, está dialeticamente camuflada. De um lado, como escrava, do outro, como a negação da escrava. Ela não é a escrava que seus patrões e o sistema econômico tentam fazer dela ao lhe impor um uniforme estampado que a camufla e a faz desaparecer como pessoa em sua singularidade. O uniforme combinando com o ambiente, assim como o seu salário, é aparato de opressão do sistema que velhos direitos trabalhistas, se não amenizavam, em certa medida tentavam compensar, na condição de limites ao uso e ao abuso dos empregados pelos patrões.

Ela não é uma escrava, apesar do uniforme e do fim dos direitos trabalhistas. Ela é a trabalhadora posta ali por seus patrões, os mesmos que tentam escondê-la por meio de uma estampa que, das paredes ao uniforme, camufla o ser humano, mas não para protegê-lo. Uma camuflagem que, nessa leitura da dialética exposta a nu, esconde a escrava e, no esforço de escondê-la, revela a trabalhadora.

Engana-se, no entanto, quem pensa que são as estampas que a revelam. É a sua fala dotada de razão, de ciência e, principalmente, desse dado cada vez mais incomum em nosso modo de estar no mundo que é o reconhecimento. Eu a reconheço, e ela me reconhece. Não é o "reconhecimento" em seu sentido vulgar e espetacular. Não é o reconhecimento da eleitora e da "candidata". É o reconhecimento de duas pessoas que, estando no mundo, enunciam a importância de um laço político.

O que essa jovem me dá, a mim que fui a candidata hiperexposta, é a percepção de que eu também fui camuflada. E de que o esforço de sair dessa camuflagem é o mesmo que os cidadãos deveriam fazer de modo a serem pessoas humanas, para além dos personagens políticos que se tornam. Também eu fui camuflada para virar um personagem político. A escritora, a professora de filosofia e a artista visual foram todas apagadas. Personagens políticos são camuflados pela publicidade que define uma campanha em suas tintas. Depois de tantos escândalos envolvendo os chamados "marqueteiros", essa figura que desapareceu, restou uma vontade de fazer política para além da publicidade que ainda não se realizou. Para minha sorte, não tivemos um — embora talvez com ele pudéssemos conseguir mais sucesso no sentido do resultado eleitoral. A campanha é um processo bastante limitado. Primitivo em certo sentido. É uma ação que nos faz saber que vai demorar muito para mostrar algo que se aproxime da verdade. Foi esse o meu esforço.

Diante da imagem da jovem que me serviu o café, tendo sua imagem comigo até agora, percebo que também eu fui camuflada. Camuflada nos panfletos e cartazes, nos cartões impressos ou digitais que começamos a chamar pelo nome estrangeiro de *card*. A operação comunicativa é toda uma camuflagem que esconde e mostra exatamente o quê? Escolhe-se um padrão e segue-se a repeti-lo. Aparecer na televisão é sempre uma camuflagem. Se em um jornal ou em uma novela as imagens exibidas são trabalhadas, preparadas e escolhidas com fins específicos, o mesmo acontece em uma campanha política. Os candidatos são mostrados em tons, cores, imagens. É o trabalho dos publicitários em suas várias funções. Não haveria nada de mal nisso, se não existisse um apagamento de tudo aquilo que poderia ser dito. Diz-se o que se pode, mas é sempre muito limitado o que se pode dizer. Demora-se a encontrar o que realmente poderia ser dito, condensando tudo o que era preciso ser dito. Até que um dia eu aviso que tenho uma rosa branca tatuada no braço há muito tempo, símbolo antifascista e antinazista da Alemanha do começo do século XX. Então transformamos a campanha com essa rosa branca e a cor lilás, a cor do feminismo, que, durante a campanha, demorou a aparecer.

Nós sabemos que o mundo se tornou uma grande ditadura do televisivo. É como se a vida obedecesse ao tempo da televisão, aos seus padrões visuais. Ao seu ditame sobre o tempo. O tempo, pobre do tempo, medido nos debates de modo avaro. Esse tempo medido como dinheiro foi sempre o que mais me chocou. E o político, o sujeito da fala, surgiu um pobre coitado que deveria sentenciar retoricamente a sua promessa. Bolsonaro acabou de certa maneira com isso, dizendo que, em uma ditadura, não haverá mais essa medida. Que ela é desnecessária, porque debater é um paradigma ultrapassado. Alguém ainda usará debater no futuro?

A candidata que teve seu rosto estampado em panfletos e *cards* que circularam nas redes sociais da internet não é ela mesma. Esse é um momento de sua vida. Um momento importante, não há como não dizer isso, mas um momento passageiro; embora haja profissionais da política que passem a vida a candidatar-se, esse não é o seu caso. Ela não está em um jogo. A candidata pode ser reconhecida como candidata, assim como a atendente, o garçom, o gari são reconhecidos como tais. O reconhecimento não é fácil aos olhos daqueles que perderam a noção da dimensão humana dos que estão posicionados em funções e uniformizados. Tampouco é apenas o conhecimento de um nome, de uma identidade.

O reconhecimento é um encontro. No processo, há um outro que me percebe sem me perseguir, sem me invadir. Ele é também capaz de perceber que eu o percebo e que, por isso, estamos juntos em um processo intersubjetivo. Esse instante humano da vida, em que o maravilhoso acontecimento do encontro se torna possível, pode ser vivido. Um acontecimento que não deveria ser jamais banalizado e que, infelizmente, anda cada vez mais raro em nossa vida atropelada e robotizada pelas tecnologias, pelas urgências, pelos perigos.

47. Autoconsciência

Não é apenas a sua consciência, mas a sua autoconsciência o que a jovem atrás do balcão revela para mim e, de um modo que nunca saberei, para ela mesma. Ela está, nesse momento, devolvida a quem é, por sua própria percepção. Ao dizer de sua pena em relação a minha derrota, ela não fala de mim, a quem não conhece pessoalmente, ela fala de um projeto que eu ajudava, naquele momento, a representar. Ao dizer "agora a gente está frita", ela revela um saber sobre o que vivemos em conjunto quando, nesse viver, não há uma proposta de bem comum, mas tão somente a intensificação do autoritarismo em todos os níveis. *Quem estará a nosso favor agora ou no futuro?* é o subtexto que me vem ao pensar no que ela estaria a me dizer. Nas camadas que, porventura, possa haver nesse dizer ou pelo menos no que ele suscita para mim. Ela sabe, por algum caminho, que o autoritarismo político serve ao sistema que rege o poder econômico. Por colocar-se de um modo atento, preocupado, situado dentro dos limites da razão que uma sociedade alucinada como a nossa perde de vista, a jovem é dona de si mesma enquanto, ao mesmo tempo, sabe que não é.

Não somos. Nunca fomos. Disputamos a nós mesmas, tentando permanecer inteiras. Assim é a vida das mulheres — e dos trabalhadores, certamente, mas principalmente das trabalhadoras.

Os patrões que não estão ali, talvez nunca tenham estado, são figuras novas do capitalismo rentista. São meros investidores que não precisam assar o pão no forno, que não precisam operar a máquina de cartão de crédito, oferecer água ou bala para completar o troco. Não sujam as mãos recolhendo os restos nos pratos ou limpando o chão. Nem sequer cuidam do lugar e das atividades das pessoas nas quais investem seu capital. Talvez nunca tenham visto seus funcionários, aqueles que eles exploram. São explorados por quem está acima. Acharam um lugar para enganchar-se na grande engrenagem do poder.

Pagam a um gerente e se mantêm na outra banda da alienação, totalmente distantes do trabalho, totalmente ligados ao puro capital. Vivem no capitalismo pós-industrial rentista, na era do capital improdutivo, aplicando dinheiro em empresas, o que permite aos ricos situarem-se em bolhas assépticas. Desconhecem a ideia de sociedade, de direitos, de regras democráticas que seriam boas para todos, na mesma medida em que se locupletam na bolha que é o ambiente virtual. Vivem apenas para si mesmos e, como é da natureza da bolha, são incapazes de reconhecimento justamente porque em seu ambiente se favorece apenas a percepção do mesmo ou do já conhecido, o mais do mesmo.

Os patrões, em geral distantes, em sua bolha, que custa o sangue dos pobres que eles mantêm bem longe, também não percebem que, apesar de todo o trabalho de robotização do ser humano pelas tecnologias, de toda a humilhação social, racial, sexual imposta de maneira programática e útil ao sistema que opera os dispositivos de poder entre a linguagem e o devir--máquina, a trabalhadora está consciente de que algo vai muito mal, de que há algo profundamente errado com as encenações existentes, de que as coisas poderiam ser diferentes, porque ainda há pessoas que se preocupam em lutar por mudanças na ordem do sistema. Talvez o que ela perceba é que há delírio e loucura.

As mudanças pelas quais essas pessoas lutam fariam ver o que não se pode ver. O que está camuflado. Que nos mostrariam, além das pessoas escondidas pelo sistema, os esquemas que permitem produzir as ocultações. O simples questionamento, a simples atenção que o sistema se esforça por eliminar, é a preciosa chave que o sistema tenta jogar fora. A estampa de selva naquele ambiente antinatural é um exemplo que, observado com cuidado, nos faz saber que estamos diante de algo mais do que uma espécie de indiscrição. Que os véus estéticos são também ideológicos, e que a ideologia do momento é o cinismo. O cinismo é uma regra estética, mais do que a simples moral dos que não sabem o valor da ética, ela mesma baseada em questionamento e atenção ao que existe. Infelizmente, estamos mergulhados no cinismo, de modo que sobreviver à morte por afogamento em seu miasma se dará apenas com muita sorte, destreza e esforço.

Volto à mesa, quero contar o que ela me disse. Lembro-me de Graciliano Ramos em *Memórias do cárcere*, mencionando o choro de sua mulher no momento em que ele a encontra antes de partir em viagem de navio para a prisão no Rio de Janeiro, após ser demitido de seu cargo no governo de Alagoas. Aquele choro comum, sem esforço nem drama, é um choro que eu conheço bem. Muitas vezes eu choro assim, de um modo solto, de lágrimas que caem como uma chuva silenciosa, sem mudar nada em meu corpo. Graciliano menciona o choro de sua mulher outras vezes, quando o visitava na prisão.

Muitas pessoas têm vergonha de chorar. Eu não, porque, nesse caso eu teria que viver envergonhada do que eu mesma sou. Há pessoas que choram demais. Eu sou uma dessas pessoas que choram demais, todos os dias, lentamente, um pouco por vez. Mas dessa vez, na hora em que quero falar da jovem que me serve pão de queijo, café e doce, de seu olhar, de seu gesto, de sua frase, é como se uma represa se rompesse dentro de mim, depois de muitas pequenas fissuras que consegui, por muito tempo, suportar.

A perplexidade seria maior se não conhecêssemos os processos históricos e os níveis aterradores de destruição da subjetividade que temos que enfrentar depois de um processo de tortura psíquica e lavagem cerebral que se tornou habitual e que tem sido usado por todos os que participam do projeto de poder contra o qual nós, os outros, as outras, contrapomos apenas uma frágil ideia de democracia.

48. Um silêncio chamado política

Na entrada, os homens, como se posicionam os soldados. A prontidão aprendida há milênios confirma-se em apertos de mão e abraços duros, intensificados por densos tapas nas costas. Um pacto ancestral e sua coreografia. Um homem alto, de camiseta branca, segura os ombros de um outro, mais forte do que ele. São mais de vinte, de trinta, quarenta, talvez. Estão em pé como árvores rijas e tesas, testam forças, firmeza e sustentação. Nenhum deles esmorece, não há dúvida, não há abalos, não há brisa, nem vento.

Há uma rua como um rio por onde podemos navegar. O carrinho com a caixa de som segue os corpos ansiosos em expedição pelo território sinuoso. É a marcha pela liberdade de um preso político famoso e amado pelo povo. Microfones estridentes ampliam a angústia. Cinegrafistas munidos de câmeras produzem o sonho coletivo de despertar as pessoas para a importância perdida de sua vida.

Falo com o dono da banca de rua onde se vendem tênis de marcas falsificadas. Mais adiante compro uma sandália. Pergunto sobre a vida na crise, tomo um café. As mulheres estão dentro das lojas, o pequeno comércio serve de esconderijo às cidadãs amedrontadas. Trabalham muito, falam pouco. Pego o microfone, chamo as mulheres para a rua. Aquelas que vêm às janelas e sacadas comentam que estão trabalhando, que não podem participar. Testo a voz masculina e ela apenas me diz, como aprendi com Ana Cristina Cesar, "estou cansada de ser homem".

Avançamos pela rua. Chegamos à praça onde feirantes vendem o que podem para pessoas que têm muito pouco. Eu me encanto com os sacos de um tempero vermelho. Horas depois ganho um pacote de um companheiro atento, cavalheiro perdido entre fios de alta tensão descascados.

A pobreza não choca quem vem de dentro dela, eu reconheço. "O governo nos abandonou", uma senhora me diz. Um homem com os olhos machucados me explica que foi golpe enquanto fuma seu cigarro. Eu penso no que ele vê, enquanto o outro me conta como perdeu o emprego, ao lado daquele que lastima a fila do posto de saúde para conseguir seu medicamento para o coração. Uma jovem, cabelos loiros e lisos, passa dizendo que odeia os políticos.

Eu caminho, solta na experiência como cabe a uma professora de filosofia. Entre pensar e agir, é preciso descobrir o caminho. E percebo que estou em casa em meio ao abandono.

É então que uma mulher, setenta e poucos anos, talvez sessenta, talvez cinquenta, com um pequeno pacote ao qual está abraçada, me olha. Eu a olho também. Ela fixa o olhar em mim, perdida que está dentro dela mesma, em um mundo que a mantém só. Eu sou seu espelho.

Ela enche os olhos d'água. Eu também.

Nos abraçamos. Ela não diz nada, assim como eu. Entre nós, nenhuma palavra, apenas uma troca de lágrimas. Outra é a comunicação. Um grande silêncio nos une. Demoro a entender que o nome desse silêncio é política.

Levo comigo esse olhar e esse abraço que guarda o reconhecimento da dor que nos une e penso que ele não vai acabar nunca mais.

49. A menina que vai à escola três vezes por semana

São sempre as mulheres que me olham longamente, quando me olham. Sempre me parece que é como se observassem um espelho no qual gostariam de se refletir. Esse olhar demorado logo se revela carregado de preocupação. Eu o encontro em muitas mulheres e, em uma manhã de sábado, em uma mãe, moradora da uma favela.

Em uma de nossas visitas, ela está sentada ao balcão de um bar junto com outras mulheres mais velhas. Entre elas, uma menina de sete ou oito anos. Uma criança que chama a atenção por ser muito bonita. Cumprimentamo-nos com beijos e abraços como se nos conhecêssemos há tempos, e não com apertos de mão formais como fazemos com a maioria dos homens e até mesmo das mulheres quando andamos com muita pressa ou percebo a timidez dos transeuntes. Eu sempre gostaria de me demorar mais com as pessoas. A maior parte do tempo da minha candidatura, eu gostaria de ter dedicado a conhecer as pessoas, a simplesmente conversar com elas, mas há uma pressa própria ao uso e ao valor do tempo nas campanhas, ainda mais na medida atual de apenas 45 dias. O tempo mais uma vez, sempre ele a dizer até onde podemos ir. O tempo fazendo parte do delírio cronologista que nos devora a vida. Um delírio baseado na fantasia de aceleração redentora, nosso complexo de coelho branco a correr sem nem ao menos saber exatamente para onde vamos.

Eu pergunto à menina sobre a escola. A menina me olha e não responde, em vez disso, envia um olhar silencioso à mãe como quem sabe de algo que está errado e sobre o qual ela não deveria se pronunciar. A mãe comenta que ela vai à escola apenas das sete e meia às nove e meia da manhã. Tento conter minha perplexidade por receio de alarmá-la. Ela sabe o que eu sei, e sabe muito mais, então me avisa de algo ainda mais grave, capturando uma sobra de ingenuidade que devo ter deixado escapar: a menina vai à escola nesse horário, mas apenas três vezes por semana.

"Apenas três vezes por semana", eu comento, como se sua imagem fizesse de mim um espelho. Ouço essa expressão ecoar entre nós várias vezes. Mesmo assim, ela finge para si mesma, como a maioria das mulheres que sofrem, que ainda há esperança. Eu falo tudo o que se deve dizer nesse momento em que não se pode tornar a vida das pessoas pior do que já está. Recolho toda a esperança com que fizemos nosso programa de governo e lhe digo, do fundo do meu coração, que vamos mudar isso, que é para mudar esse estado de coisas que estou ali, que precisamos nos unir, somos mães, trabalhadoras, mulheres fortes e corajosas. Ela me diz que sou corajosa, eu digo que ela é corajosa. Que eu sou professora. Que também eu, quando menina, demorei a ir para a escola, que tudo vai mudar, que há um futuro todo pela frente. Eu falo no que eu mesma quero acreditar. Hoje, ainda acredito em um projeto de país voltado para a educação, mas não acredito em sua realização sem uma proposta crítica, porque não é possível haver amor e respeito ao ser humano no capitalismo neoliberal que se abate como um veneno mortal sobre nós agora. Ou desmontamos o neoliberalismo ou o futuro será ainda mais sombrio. O que vemos ali, naquele momento, é um efeito do neoliberalismo.

Aquela menina não vai à escola porque vivemos em um mundo dominado pelo neoliberalismo. Porque não se trata mais de um capitalismo de produção e consumo, trata-se agora de uma busca por algo mais do que lucro. O neoliberalismo é um extremismo do capital que exclui de si a ideia de sociedade, de alteridade e, por isso mesmo, faz da destruição dos direitos básicos a sua metodologia. É uma regra econômica que não prevê espaço para considerações éticas. O esforço de contraposição, mais do que de resistência, é também o de levantar essas questões, de abrir os olhos. A esse esforço chamamos de "crítica".

Seja o que for que tenha acontecido de fato ou como resultado dessa campanha, uma coisa é certa: eu experimentei a impotência em doses assustadoras. Quando penso no que será feito das crianças do Rio de Janeiro, a exemplo do que acontece em muitos outros lugares do nosso país, sofro. A situação do ensino estadual nas diversas regiões administradas pelo descaso dos partidos descomprometidos com o povo não é diferente, mas os índices que mensuram o que se passa no Rio de Janeiro mostram as piores condições, tanto nas escolas que são responsabilidade das prefeituras quanto nas escolas que são responsabilidade do governo estadual.

Sabemos que a educação vai mal e que os países que não têm projetos de educação concretos e densos para toda a população não têm futuro. Sei que, caso não seja construído um projeto de país baseado na educação e também na cultura, o Brasil como nação não tem futuro, e, mesmo assim, ao escrever isto, sinto como se estivesse traindo um acordo que fazemos uns com os outros. Um acordo de que teremos esperança, porque desse modo, mantendo-a, sofreremos menos. Neste momento em que, como país, chegamos ao fundo do poço e podemos daqui mesmo destruir tudo o que nos resta, creio que é importante relacionar-se com essa sensação de tristeza e com esse pessimismo que nos permite ver a realidade. Quem sabe se, com olhos menos condescendentes, menos iludidos, possamos criar caminhos de luta mais consistentes.

Encontro o mesmo olhar daquela mãe, esse olhar de dor, em todas as mulheres. Todas, sem exceção. Algumas estão mortas na alma, de tanta dor, de tanto sofrimento acumulado em anos e anos de esforços e de trabalhos muito mal ou nem sempre recompensados em nenhum sentido. O desespero ainda não atingiu o ápice. Essas mulheres mantêm aquele fundo de dignidade que se adensa ainda mais quando se percebem as condições impossíveis nas quais elas se mantêm.

50. Aprisionada

Em uma rua central de uma cidade da grande megalópole fluminense, pobreza proporcional ao PIB, encontro uma mulher com uma criança de poucos dias no colo. Não é a primeira, não será a última. Seu corpo cansado carrega o pequeno corpo adormecido em seu ombro. Ela me aborda amorosa, me abraça e me beija. E me pede que lhe consiga algum dinheiro para comprar leite em pó. Eu, que ando sem bolsa e sem nada nos bolsos das calças, explico-lhe que não posso doar-lhe nada, que isso seria cometer um crime eleitoral. Ela me diz que eu não me preocupe, porque ela vota em mim de qualquer modo, eu agradeço, mas explico que preciso seguir à risca a lei eleitoral e que, além de tudo, ando sem nenhum dinheiro comigo. Ainda mais nos atos da campanha, é importante que tomemos cuidado, digo a ela, já que meu partido é um dos mais perseguidos pela criminalização da política e há gente má nos vigiando. Eu pergunto quantos meses tem o seu filho. Ela me conta que é uma neta, que tem apenas três meses. A mãe da criança, sua filha, está presa. Pergunto pelo motivo da prisão. Com pesar indisfarçável ela me conta sobre duas latas de leite furtadas em uma farmácia. "Uma bobagem o que ela fez", comenta a mulher, mãe e avó, menos desanimada com a empresa farmacêutica do que com a filha. Eu não digo nada. Penso na mãe aprisionada. Uma criminosa perigosíssima, sem dúvida. Que ficará seis meses no presídio devido à sua falta monstruosa. Sinto horror. Não da mulher que furta, da mãe aprisionada, nem da avó desesperada, embora mantenha a dignidade. Sinto horror do sistema econômico que obriga essas mulheres a isso. Por um segundo me vejo eu mesma presa porque, em vez de roubar, paguei por uma lata de leite em pó para uma criança na rua.

É igual a insignificância do meu gesto e a insignificância do gesto que levou à prisão a filha daquela mulher que me abraça. A injustiça é para quem estiver na mira, ou seja, no lugar errado, no momento errado, sob os olhos dos caçadores. Os delírios de poder e a maldade estão em alta, e eu me imagino sendo punida por tentar dar de comer a quem tem fome, assim como aconteceu com Lula e Dilma Rousseff. Assim como a mãe que tenta alimentar seu filho com uma lata de leite roubada de uma empresa. A injustiça é o elemento partilhado nessa democracia deturpada em que vivemos.

Depois da invenção das *fake news*, é de temer o mínimo gesto capaz de sugerir a maldade dos nossos algozes. Respiro fundo, dessa vez choro por dentro, porque não posso deixar que aquela mulher se sinta mal, que ela nem por um segundo se sinta mal através dos meus olhos. Eu estou ali para lhe dar esperança. Peço a ela que me visite na sede do partido assim que puder, quem sabe conseguimos conversar melhor sobre tudo o que está se passando. E peço que alguém ajude-a, já que não posso. Não se pode deixar aquela mulher sem ter como alimentar a criança. Penso, então, em como ela alimenta a si mesma. Sabemos que no Rio de Janeiro mais de oitocentas mil pessoas cruzaram a linha da extrema pobreza nos últimos anos, desde o golpe de 2016. Isso significa viver sem recursos para alimentação e privado de direitos básicos.

É o estado de necessidade que faz cometer loucuras, que faz roubar e até praticar atos piores. Nesse caso, temos que nos perguntar por que roubar é algo tão demonizado em um sistema que ameaça de morte aquele que simplesmente nasceu em uma família sem dinheiro? Não estamos, desde o nosso nascimento, sendo roubados, como tantos outros, naquilo que pertenceria a toda a sociedade e a toda a cultura? Roubados pelo capitalismo, na sua velha estratégia de concentrar renda e deixar que uns poucos se apropriem daquilo que por direito deveria ser partilhado por todos? Não há uma herança comum que todos recebemos da história humana, como conhecimento acumulado por gerações? E por que há, em meio a tanta riqueza, pessoas que devem morrer de fome? Essa é a nossa pergunta. A desigualdade é uma arma que sangra o corpo dos que são por ela violentados. Quem a maneja são os donos do capital, que atacam como criminosos as suas próprias vítimas.

51. O menino e o carrinho sem pilhas

As mulheres que vêm me pedir ajuda são mães ou avós, como essa mulher de olhos doces a vagar pela rua, acostumada ao desespero. As mulheres nunca pedem nada para elas mesmas.

Nem mesmo as meninas que encontro em bandos de cinco ou seis em uma rua do Centro da capital pedem algo para si. Entram na farmácia já sabendo o tipo de fralda e de leite, quais promoções permitem que se pague menos por esses itens cobiçados.

Saio à rua depois de almoçar com Rubens em um restaurante ali perto. Rubens conversa com Fábio na calçada onde passa esse veículo pomposo que se chama de VLT. Eu me interesso pelo menino de sete anos que me pede ajuda com um carrinho movido a controle remoto, presente de alguém que passou por ali antes de mim. Agora sou eu a transeunte que se enlaça nesse tipo de solidariedade em rede nas ruas. A mim cabe conseguir as pilhas.

O menino mal sabe falar. Seu sorriso foi escondido atrás de um pavor que se tornou semblante. É imensa a interrogação que nele se cala. Não se refere apenas ao fato de que o carrinho tem controle remoto e precisa de pilhas, que ele não ganhou de quem lhe deu o carrinho. Não podemos pensar mal dessa pessoa, não sabemos quem teria naquela condição lhe dado o que deu. Talvez tenha dado tudo o que podia. A falta gera desejo, pensemos assim. E esse desejo o manterá amortecido do horror de viver na rua onde vive.

A interrogação que lhe fere a infância diz respeito ao fato de que o mundo no qual ele vive sempre o deixará na mão depois de ele ter sido colocado aqui. Ganha-se um carrinho, mas não as pilhas do controle que o move.

Sem camisa, um pouco gripado, com um chinelo branco de borracha, ele me leva ao vendedor de pilhas e me explica que elas duram um dia só. Eu converso com o vendedor sobre o valor das pilhas para mais alguns dias pelo menos. O menino contempla a conversa, preocupado.

O vendedor é um jovem que compreende na pele a experiência de quem vive nas ruas e promete a mim e ao menino que, no dia seguinte, trará mais pilhas para que o carrinho possa continuar a andar. O menino, com seu problema mais imediato resolvido, sai a brincar, escondendo-se em sua mudez.

52. As mães, meninas

A mãe do garoto surge com um bebê ao colo. Ela não tem mais do que vinte anos, penso. Junto a ela vêm mais três, ou serão quatro garotas?, todas da mesma idade. Todas com bebês no colo. Contam de uma que deixou os gêmeos em casa. Elas falam em algazarra, como fazem meninas nessa idade. São mais novas do que a minha filha, que, aos vinte e um anos, está bem longe dali, tentando também ela inventar uma vida para si mesma.

Elas me pedem para comprar fraldas na farmácia em frente. Uma pede fraldas, outra pede leite, outra pede lenços umedecidos, e pedem mais algumas coisas que não consigo reter na memória. Percebo que elas se apegam aos produtos em promoção. Em poucos minutos, compram tudo o que podem. Eu pago. No caixa, vejo saírem várias sacolas. Há mais meninos pequenos ao redor, do tamanho do menino com carrinho, que eu já perdi de vista. A miséria é rápida e direta. Não consigo acompanhar os movimentos. Eu pago sem conseguir ver direito o que se passa, pois são várias meninas e vários meninos, e não tenho percepção para tanto. Saímos dali, cada qual para ocupar seu lugar no mundo. Eu perdi a órbita, anteriormente ocupada, e fico à deriva do mundo.

Essas mães têm crianças ao colo, e também elas são crianças. Elas estão sós com as crianças. Eu estou com elas, mas eu também estou só. Há quem se preocupe com esse abandono, mas se preocupar não é fazer, e fazer é pouco. Há mais que isso, no entanto. Cercadas de algozes, as poucas ou muitas pessoas que passam e se compadecem não vão mudar o destino dessas meninas, nem das meninas que surgem por obra de um sistema que não lhes dá amparo nem oportunidades.

Sobre essas jovens mães, pesam os efeitos das injustiças que permanecem insuperadas. Como crianças é que, na farmácia, elas buscam esses objetos de sobrevivência, fraldas e lenços umedecidos, como se fossem brinquedos. Também elas estão fetichizadas com as bugigangas inventadas para a indústria dos filhos, que sempre serve ao capitalismo, como serve à Igreja, como serve ao mercado do qual elas não fazem parte. Os filhos dessas jovens, assim como elas, são um excedente, são o lumpen. Estão fora de todos os nichos do sistema, são tratadas como excrescências cujo habitat natural é a rua, esse lugar onde o sistema lança tudo e todos que entende como negatividade.

Penso nessas crianças que vivem nas ruas e que não fazem falta a ninguém que tenha sido devorado em sua alma pelo sistema capitalista. A impotência grita de algum lugar indiscernível para mim. Que essas meninas tenham ficado grávidas tão cedo, algumas delas antes dos dezoito anos de idade com dois filhos, sem perspectivas, sem alternativa, sem oportunidade alguma; que elas tenham sido transformadas em pura estatística. Mas que não sejam absolutamente nada nem ninguém para os governantes e para a burguesia é algo que, no entanto, não me choca. Quem espera alguma coisa de quem governa segundo as regras do capitalismo?

Não espero que ninguém devolva a sanidade à mulher sem dentes, faminta e seminua, que encontro perto do aeroporto à espera de que alguém lhe entregue de volta o filho roubado. Ela não existe para a Justiça nem para o Estado. Ela não existe para quem passa na rua de carro com ar-condicionado na direção do shopping. Seria ingenuidade esperar bondade daqueles que defendem o capitalismo, ou se defendem dentro dele, já que, em seu cerne, está o princípio do mal radical, a pura destruição que resulta do princípio de sobrevivência especializado até o apagamento do outro.

E só posso lastimar que outras pessoas que não se encontrem em condições materiais tão aviltantes, que ainda podem perceber o mundo ao redor, não façam a menor ideia do que pesa real e profundamente em sua vida sob o signo do capitalismo, de seu próprio corpo, usado a serviço de uma engrenagem gigantesca da qual só sai vivo quem pode pagar para não ser morto.

Não sei se aquelas mães-meninas votavam. Não disse a elas que eu era candidata. Naquele momento, não me lembrei disso, e não era disso que se tratava. Fui me lembrar horas depois, como lembro agora de uma chance que passa, como aqueles números de loteria que se deixa de jogar e um dia, como um deboche do destino, são premiados. As mães, as avós, as jovens, as negras, as pobres, as moradoras das periferias e das favelas, as mulheres do interior, as mulheres do litoral, as mulheres das ruas todas trazem o mesmo olhar, essa janela da alma, que me vem dizer o que eu já sei: sofrer é o que sobra para as pessoas excluídas em uma sociedade de privilégios.

Escrevo essas frases com pesar. O filtro da melancolia talvez esteja pesando demais no meu texto. É que me vem à mente que, em um mundo miserável como o nosso, quando não há direitos, só restam privilégios para quem pode tê-los.

A falta de direitos é que funda uma sociedade de privilégios. Essa falta não é natural, é uma falta inventada, já que os subjugados são úteis à manutenção dos privilégios. Há pessoas que se orgulham de si mesmas sem saber que as vantagens existentes são privilégios. Outros vivem sob o signo da vergonha de si: são aqueles que não têm privilégios. É certo que aquele que precisa manifestar algum tipo de orgulho neste mundo só o faz sob uma lógica de medidas em que se opõem o inferior e o superior. Do mesmo modo, quem manifesta vergonha, ou se esconde por ser quem é, o faz porque foi devorado pela mesma lógica. Mas sempre poderíamos nos perguntar por que escolhemos fazer uso dessa lógica.

A precariedade é a condição concreta da vida de muita gente. Ninguém pode querer viver na precariedade, algo bem diferente de uma vida simples. Uma vida simples é uma vida desejável, uma vida de direitos básicos assegurados, uma vida que podemos chamar de boa, mas que, no capitalismo, torna-se uma verdadeira conquista, uma construção — e quão frágil ela é! Todos os que se engalfinham por privilégios talvez não sejam mais do que vítimas de uma maneira de pensar que os faz acreditar que devem ser caçadores, e não caça. Não podemos dizer que estejam errados do ponto de vista da lógica do sistema capitalista. Lembro-me de Primo Levi evitando julgar os *capos* dos campos de concentração onde a "condição in-humana" atingiu o ápice, tornando-se uma forma de vida voltada para a morte. Podemos dizer, porém, que o capitalismo é a ruptura total com a ideia de uma ética humana e que, sob esse aspecto, é provável que a maior parte dos nossos atos miseráveis, criminosos e vis estejam ligados a ele por um único motivo: o capitalismo se tornou mais do que um sistema econômico. Como ideologia que regulamenta as relações, ele se tornou também uma matriz intersubjetiva e, logo, subjetiva. O capitalismo borra todos os valores em nome de um só: o capital e tudo que possa ser metamorfoseado — e deformado — em capital.

A impotência é companheira da precariedade. E nós as partilhamos em nossa sociedade de classes. Mas até quando?

53. Fazer o que deve ser feito até o fim

No QG, é como se eu fizesse coro com os companheiros e companheiras que sabem que o acordo otimista em torno de uma vitória possível tem uma função específica: manter os vagões nos trilhos. Fazer o que deve ser feito até o final. O que se deve fazer é a campanha, pois a campanha é uma fábrica, uma produção que dá trabalho para muitas pessoas. E ninguém deve dizer que não é possível ganhar. Também a campanha tem algo de um jogo. As pesquisas qualitativas, às quais muita gente se aferra, são estranhas. Elas indicam pouco de relevante, mas que todos, simplesmente, votariam em mim. As pessoas continuam a agir como se a questão fosse apenas a campanha. Eu também me entrego a essa crença, mesmo sabendo que há muito mais em jogo no que chamamos de campanha, tendo em vista a era das tecnologias difusoras de desinformação e notícias falsas.

Eu pensava nas meninas com seus meninos no colo. As pesquisas internas do partido indicavam que muitos votariam em mim; as pesquisas das agências tradicionais, não. Os votos são frequentemente conduzidos por essas pesquisas. Quem vota sem olhar para elas vota com o coração, digamos assim, confiando naquilo em que simplesmente acredita. E eu recebo um percentual mínimo de votos para o cargo de governadora. As meninas não votariam em mim, nem sabiam que eu era candidata.

Há quem ouça a pesquisa para conduzir a campanha como se fosse possível compreender a cabeça de todo o povo por meio de uma amostra. Infelizmente, é mais complexo. A mentalidade do raciocínio curto, ou da ausência total de raciocínio, do vazio do pensamento, da ação por puro impulso que conduz os votos, é infinitamente mais complexa. O povo nem sabe em quem vota. Não há nada mais difícil de compreender e explicar do que o comportamento de manada, de massa, fechado à reflexão, baseado na prepotência. E baseado cada vez mais em uma desinformação estrategicamente formulada. Faz sentido para muitos, mas não temos tempo, e as meninas e a rua não têm tempo.

Quando alguma mudança nas pesquisas começa a aparecer, somos vítimas da manipulação da chamada "margem de erro" e se noticia sempre que estamos atrás em três pontos quando, na verdade, segundo as pesquisas internas do partido, estamos um pouco na frente do candidato do PSOL. Eu penso nas meninas na rua com seus meninos, e vejo os candidatos, políticos profissionais, todos homens preocupados com seus cargos, com exceção da candidata do PSTU e do candidato do PCO, que estão ali para sinalizar para outras questões. Com essas pessoas eu jamais tive qualquer tipo de contato além dos debates e um aperto de mão. Um dia quero conhecer melhor a esquerda.

Eu, que tenho dificuldade de mentir, que medito a todo momento sobre a mentira, que tento não mentir jamais, que usei como slogan da campanha, pelo menos por um tempo, o lema "A força da verdade", quando ainda achávamos que a verdade poderia ser um valor para as pessoas, demoro a perceber que não há saída. Penso nas meninas com seus bebês no colo, e elas são a imagem da verdade. E não há saída para a verdade. Então eu entendo o que Lula quis dizer com "restaurar a verdade no país." Muito mais do que provar sua inocência, é provar a inocência de pessoas como aquelas meninas que me pedem para salvá-las em um dia comum, em que são atropeladas pelo trem da história.

Quando ainda penso que a verdade é um valor capaz de ser maior do que a mentira, sei que estou enganada, eu me entristeço, porque isso é um fato para cada vez menos gente. Eu, que amo a ficção, mas não a mentira, eu, que prefiro mil vezes a fantasia à realidade, a ponto de dizer que não gosto nada da realidade, assumo uma frase de Jean Cocteau, que repito a todo momento. "Não sabendo que era impossível, foi lá e fez." É assim que eu sigo levando adiante esse acordo de que lutaremos pela vitória até o fim.

Em muitos momentos, acreditei que a vitória se concretizaria apenas porque coisas absurdas e impossíveis acontecem. E o que aconteceu com a eleição de 2018 é algo desse tipo. Quando todos esperavam que um candidato habitual vencesse a disputa para o governo do Rio de Janeiro, quem venceu foi um juiz desconhecido, como que saído do nada, das sombras do tribunal federal, sem tempo de televisão, com um discurso estranho, misturando promessas de força e ameaças brutais contra pessoas. O juiz era um dos candidatos do plano do absurdo, e foi ele o vencedor. Mas o que venceu nele? A promessa de força que mexeu com uma população formada no medo e pronta para acreditar que alguém capaz de produzir mais medo fosse também quem poderia acabar com o medo.

Mais uma vez, trata-se da questão da linguagem e das formas de tratá-la e produzi-la. E, nesse sentido, a linguagem televisiva em sua forma e em seu conteúdo talvez já tenha sido superada. A televisão e o rádio definiam o que era difusão antes dos telefones celulares, antes de dispositivos como o WhatsApp. Do mesmo modo, os *memes* tornaram-se uma forma padrão da informação, deturpando o seu sentido em muitos aspectos, como se a complexidade fosse uma aberração. Textos com mais de 140 caracteres depois do Twitter são chamados, de forma debochada, de "textão".

A verdade não é um valor há tempos. Ela foi substituída pelo princípio fotográfico do "instantâneo", necessário a uma sociedade delirante. Entre o instantâneo e o delírio, na era em que as tecnologias de produção e difusão das mentiras estão em alta, fazer política com ética é um imenso desafio.

É a linguagem humana que deve nos preocupar. A política que existe, em todos os tempos históricos, em todos os lugares, é um efeito seu. É o futuro da linguagem humana o que está comprometido. Sobretudo quando levamos em conta que política é algo que em tudo, em cada um dos seus movimentos, verbais ou não, depende da linguagem. E que a história maldita da política é a parte triste da história da linguagem humana.

54. Os pastores

Depois da farmácia, estou no comitê da campanha, converso com pastores evangélicos preocupados com a eleição. Temem o que está por vir, agentes críticos que são de sua própria corrente religiosa. Preocupa-os o mesmo que eu: o resultado da eleição na alma do povo. É a primeira vez que lastimo muito por perder uma eleição, mas naquele momento ainda acreditava na vitória. Eu tratei dessa derrota antecipada no meu espírito, me autoenganando um pouco, como muita gente fez. Disse, durante toda a campanha, que cada vez que a derrota vinha à minha mente, cada vez que ela surgia como um texto escrito em letras gigantes no cenário onde fui bordada, eu repetia que seria vitoriosa, que milagres acontecem, e digo sem ironia.

Enquanto converso com os dois pastores, estou ainda muito comovida com as crianças que encontrei. Crianças nos braços de mulheres que não deixam de ser crianças, embora sejam suas mães. Por um segundo, eu que não sou tão religiosa, que, acreditando em tudo, às vezes sou levada a pensar que não acredito em nada, me percebo religiosa em um sentido profundo. Eu que sou também a mais ferrenha crítica das Igrejas e instituições religiosas, me vejo como que dando graças a Deus por estar com pessoas a quem posso contar sobre esse encontro com as crianças, as que estão ao colo das crianças que têm crianças ao colo.

São pastores e trazem a Bíblia, e eu, por simples boa-fé, em tempos de tanta má-fé em nome da religiosidade, acredito em suas intenções. Uma das fotógrafas da nossa equipe se recusa a fotografá-los porque eles são contra o aborto. Eu não me importo, porque homens que falam assim não sabem o que dizem. Peço sempre que Deus os perdoe por isso.

Um deles lê um trecho de uma Bíblia toda marcada com papeizinhos coloridos. Não me lembro mais do trecho que ele leu naquele momento. Sinto certa inveja do pastor, por ter um livro tão anotado; penso nos meus livros anotados, na Bíblia de Jerusalém que perdi ou emprestei sem que tenham me devolvido. Diferentemente de Graciliano Ramos, que me acompanha neste escrito, eu não tenho atenção a certas coisas. Tenho que olhar para tudo com imensa concentração, senão perco o que está acontecendo ao redor. Penso nas anotações do pastor para momentos como aquele, em que se encontra alguém disposto a ouvir, e no que eu realmente estou querendo dizer quando falo com eles sobre a cena que vivi.

O livro dos livros anotado em mil trechos coloridos. Anotações que devem estabelecer um nexo entre o texto e a vida, penso. Algo que se perde nos tempos do rebaixamento da linguagem em que vivemos, quando a própria Bíblia é rebaixada a interpretações maldosas por tantos pastores que violentam a fé dos outros por meio do dinheiro. Mas aqueles que tenho à minha frente são críticos dessas práticas diabólicas travestidas de prosperidade.

Na pequena sala envidraçada cuja chave, estranhamente, ficava do lado de fora, estou eu disposta a ouvir os pastores. Precisava dizer a eles que tínhamos que ganhar aquela eleição, que disso dependiam muitas pessoas, para as quais ninguém olharia se não fôssemos nós.

Eu estava ali, comovida com as meninas e suas crianças ao colo. Pensando no que fazer com a miséria humana, sendo apenas mais um corpo solto no mundo e sobrecarregado pelo signo da impotência. Ali, naquela sala, eu tinha a dimensão de que estávamos, ali de dentro daquela pequena jaula, lutando contra leões dentro de uma jaula muito maior, na qual os leões não são lindos animais, mas metáfora de gente má e elitista, comprometida com o que há de mais perverso e destrutivo, que é o capital. Eu estava ali com aqueles dois pastores do bem, como, aliás, há muitos, que também lutam contra as mistificações dentro de seus limites humanos, no campo mais mistificado de todos, que é a religião.

Naquela bolha dentro do QG da campanha, eu pensava no grande teatro da política, nos debates que tinha de enfrentar, nos jogos de poder. Mas pensava sobretudo que era preciso salvar aquelas meninas com seus bebês no colo e que, para isso, precisávamos ganhar o governo. Sem espaço, nem tempo, nem recursos, como faríamos isso? Governar junto com as pessoas era o meio de dar a elas um outro futuro.

Os pastores me convidam a rezar. Eu aceito. Eles dizem palavras que me soam apagadas já naquele momento, pois estou tomada em um transe no qual as jovens com as crianças ao colo ocupam o todo da minha percepção. Lembro-me dessa reza como quem se lembra de uma festa em que todos dançavam, mas sem guardar o som ao redor. As crianças permanecem comigo. A mãe, na rua, à saída da farmácia, me agradece e me consola de um choro que eu não posso conter, e a outra mãe explica à amiga que o meu pranto tem sentido, que eu choro por vê-las naquela situação. Uma delas comenta com a outra: não dá para tirar isso dela. De um lado, a que me abraça pedindo que eu pare de chorar, do outro, a que me olha incisiva e explica que eu é que estou certa.

A impotência se agarra a mim como uma sanguessuga. Agora, enquanto escrevo, sinto-a fechar a minha boca e me deixar muda. Naquele momento, a impotência atingiu um ápice do qual não consegui me libertar até agora e que, ao contrário de arrefecer, cresce sem parar. Alguém, ao ler, dirá que não devo dizer essas coisas, que devo me manter forte e otimista. Realmente, sempre me esforcei muito e sempre fui muito otimista na prática. Mas não posso fingir algo que não penso enquanto escrevo. Não é possível olhar com otimismo para o que se vive hoje. Podemos e devemos manter o otimismo político que nos faz seguir em luta, um otimismo que, vencedor, um dia possa vir a trazer melhores condições de vida às pessoas que mais precisam do Estado e de um governo voltado para a diminuição da miséria e da desigualdade que a produz. Continuarei sendo otimista na prática, no sentido de fazer o que me couber no momento histórico que vivemos, mas não posso deixar de falar sobre o horror social em que vivemos.

As jovens estão postas em uma situação miserável de vida, que precisa ser transformada; são jovens sem oportunidades que mereciam amparo social e estatal, que mereciam outro passado, outro presente e outro futuro. Eu choro, mas chorar não vai mudar nada do que se viu até agora. E, no entanto, temos que olhar para isso com delicadeza, na contramão de uma sociedade que diz que homens não choram. E isso diz muita coisa.

55. Jesus

Enquanto escrevo, deixo de lado por uns tempos uma pesquisa sobre a relação entre religião, capitalismo e machismo. Logo voltarei a essa análise da lógica interna dessas instituições, seus discursos e práticas, de nosso mundo patriarcal capitalista. Comento previamente sobre esse livro em preparação, porque a crítica, no sentido da análise em busca de uma compreensão cuidadosa, deve estar sempre em nosso horizonte. Sigo pensando nos pastores críticos, preocupados com o que está por vir para o Brasil naquele momento. As pessoas não são apenas signatárias das instituições, elas vivem de modo rico a complexidade de estar em uma instituição e de, ao mesmo tempo, ser críticas delas. É isso o que falta, a meu ver, neste momento a muitos de nós. Nós nos relacionamos com a vida de uma maneira fundamentalista, sendo de um modo geral narcisistas despudorados, fechados em nossa visão de mundo e percepção precária da realidade e, inclusive, da complexidade do sujeito humano, nosso semelhante.

É essa capacidade de crítica que nos re-situa nas instituições das quais fazemos parte, sendo que ninguém que esteja vivendo em sociedade pode prescindir das instituições enquanto houver esse acordo comum, esse contrato social, em torno delas. Estar nelas é inevitável, e assumir isso é um compromisso que também nos reinscreve no mundo de maneira ética, como sujeitos responsáveis. É com esse espírito que estou diante dos pastores. Talvez seja isso o que a imagem e a memória de Jesus Cristo, sujeito ético por excelência, ainda tenha a inspirar em tanta gente. Viver sem preconceitos, estar diante de qualquer um sem preconceitos. Nem sempre se consegue isso, mas seria desejável que pudéssemos buscar esse lugar, esse princípio a partir do qual agir universalmente.

Como se percebesse a sobrevivência de uma imagem em uma cena que vivi, um dos pastores me diz: "Você recebeu um passe de Jesus." E me lembra daquela inesquecível história envolvendo Jesus e as crianças que foram afastadas dele e que ele chamou de volta. Eu agradeço, achando bonita a sua exegese naquele momento. É, iconologicamente falando, muito forte. Em algum momento da vida, quem é cristão talvez se compare com Jesus Cristo, se veja nele, com ele, ou sem ele. É que Jesus é uma figura muito forte. Figura no sentido linguístico da palavra. Um ícone de nossos desejos éticos mais profundos, na era moderna, intimamente ligados ao marxismo.

Também eu naquele momento penso que há mais intimidade entre nós do que eu poderia imaginar, sendo uma pessoa praticamente sem religião como sou, embora seja curiosa em relação a todas e tenha uma preferência estética pelo candomblé e pela umbanda. Mas fui criada em um ambiente cristão. Jesus Cristo, por sua vez, sempre me tocou quando li os Evangelhos, na famosa Bíblia de Jerusalém que sumiu. Um dia falarei melhor e com mais tempo sobre isso, porque a religião é um assunto grave e sério e merece nosso respeito e nossa proteção contra os espertos que abusam dela.

Vejo as crianças, agora, e é a mim que elas vêm e não vêm simplesmente dando seus primeiros passos, vêm no colo de outras crianças que as pariram e, vivendo na rua, são violentadas pelo mundo.

56. Indisponibilidade

A professora de filosofia que há em mim ia curiosa a todos os lugares. A monja que há em mim ia preocupada. A escritora, essa que agora vos escreve, eu a deixava em casa a me esperar. Ela nem sempre acreditava no que eu lhe contava na volta das andanças. Insistia que eu poderia narrar melhor os acontecimentos vividos, pedia-me as fofocas; eu não tinha muito a dar, costumo me esquecer do que me ofende, do que me machuca ou do que soa a miséria do espírito. Não foi sem muita briga interior que este livro nasceu. Até que eu encontrasse o tom, se é que isso aconteceu, foi especialmente duro.

A governadora que há em mim procurou uma governadora em cada mulher, em cada homem, em cada jovem, em cada criança que encontrou pelo caminho. Pessoas movidas a esperança e, ao mesmo tempo, tomadas por um completo senso de desespero. Pessoas que sabiam que não há mais nada no mundo senão as próprias pessoas com as quais se encontram na vida, uma de cada vez. Essa vontade de existir com cada um. Tantas vezes negada às pessoas.

Não creio que eu idealize alguém. Acredito ter a necessária compreensão sobre a condição animal e humana que nos define; me comove em cada um a sua condição de ser que necessita de um outro. Igualmente, me encanta a disponibilidade. Sempre vamos precisar de um outro, não poderemos seguir sozinhos. Penso que é esse sentimento de solidão que se procura ultrapassar nas lutas sociais e políticas, mas é sobretudo um amor ao mundo, um encantamento com a existência.

Há, no entanto, a *indisponibilidade*. A indisponibilidade das pessoas ainda me choca, tanto quanto a minha própria. Vou tentando superar a minha indisponibilidade, tentando me conectar ao sentimento de compaixão que melhora o mundo, e às vezes sou surpreendida no meio do caminho. Agora sinto compaixão pelo Brasil, sabendo que seu futuro está comprometido.

Foi perturbador quando percebi que eu mesma não estava disponível, que tinha passado a minha vida seguindo meu próprio caminho, da forma como fosse possível, sem perder a serenidade. Quem cresce sob dificuldades objetivas e subjetivas aprende a cuidar de si como pode.

A política foi o meu modo de romper com esse tipo de individualismo involuntário em que somos lançados quando, no fundo, temos medo de não conseguir sobreviver. E quando não suportamos simplesmente sobreviver, encontramos sublimações, cortinas de fumaça, fantasias, muitas vezes sobre o que nós mesmos somos.

57. Uma mentira palatável

Ao longo da vida não suportei a realidade, sempre tive muita dificuldade com o que se chama ou o que simplesmente se pode insinuar com o nome de realidade. Estudei filosofia e artes por acreditar que haveria ali alguma coisa que tivesse a ver comigo. Mas não tinha a menor noção do mundo que eu encontraria pela frente com essas formações tão distantes do que era permitido à minha classe social. E foi, na verdade, por não saber muito bem onde estava e que mundo era esse que eu segui disponível à vida.

Pessoalmente, ao longo da vida, chamei de realidade o que me fazia sofrer, o que me pesava. Um nome abstrato demais, um nome que se refere a tudo o que há e, ao mesmo tempo, não toca em coisa alguma. Talvez as pessoas só a conheçam nas diversas formas de sofrimento que há para serem vividas. O sofrimento disponível neste mundo. De qualquer forma, eu queria viver outros mundos e ajudar a inventá-los.

A política era um mundo à parte. Ao usar esse substantivo, penso em várias coisas, mas penso sobretudo nos mundos em que vivemos. Lembro da hermenêutica de Gadamer, na qual surge a ideia de que "mundo" é o horizonte da minha compreensão. Penso na água na qual vive o peixe. Nos pássaros que habitam o topo das árvores. Política é um ambiente. Um lugar onde devemos estar se quisermos que haja horizonte. Fora dela é estar exposto entre lascas de gelo na peixaria.

Com a ideia da eleição, o que eu vislumbrava era a possibilidade de criar outros mundos. Às vezes se escreve um romance ou um poema para tornar suportável o mundo que se habita. Pensei que fazer política pudesse me levar a construir um outro mundo, mas foi como se um peixe de água doce pudesse, de repente, habitar a água do mar. Nada simples.

Eu procurava o outro mundo e, nesse mundo, procurava as pessoas que eram outras. Queria chegar perto dos que sofrem. Penso nos sofrimentos por injustiça social, econômica, de gênero. Penso nas dificuldades e nos horrores vividos por quem nasce nas classes desfavorecidas. Coisas que, em um texto, só é possível lembrar e mencionar, fazem parte do âmbito assustador da vida a que chamamos cotidiano. Queria também ver mais de perto a luta e o sofrimento que a luta quer desmontar. E queria ver por que os que lutam seguem seu caminho. Por que seguem, mas também por que desistem. A luta é o oposto do poder. É o oposto da burocracia partidária. A luta, eu a vi muitas vezes, e ela sempre vinha sorrindo depois de ter sobrevivido a algum tipo de burocracia.

Agora, enquanto escrevo, me lembro de que perdi a minha capacidade de sorrir. Espero que ela volte logo. Talvez não volte. Vi muitas pessoas em cujo rosto estampou-se um pesar para sempre. Pessoas filiadas ao partido, pessoas sem partido, pessoas que simplesmente precisam de apoio social, os que seguem com suas máscaras humanas atrás das quais se cansaram de viver.

A campanha é um desses empreendimentos humanos que exigem um profundo senso de colaboração. Talvez não haja nada mais difícil do que isso para seres sempre tão desligados do seu outro, daqueles com os quais, ao mesmo tempo, convivem. Ora, a individualidade é um fato em nossa vida, mas não deveria degenerar em individualismo. Em uma campanha, os erros proliferam, talvez porque não saibamos realmente trabalhar em conjunto.

Mas talvez esse trabalho, na verdade, não seja possível. Há um outro aspecto que devemos levar em conta. Se a política foi destruída pela publicidade e por toda uma armação corporativa, econômica, midiática, judiciária, criminal — e com ela os seus atos, os seus feitos, os seus processos —, o que significa uma eleição sob essas condições? Nos tempos da destruição da política, o que nos resta em termos de processos políticos? Devemos considerar que, destruída a política, ainda nos restará democracia? Que, destruída a política, ainda haverá campanha, eleição, voto? Se esses processos continuam a existir com esses nomes, mas esvaziados de conteúdo, nos vemos na tentativa de manter as aparências. Mas é só isso? Estamos todos loucos, esperando que a vida seja uma mentira palatável? Ou estamos amedrontados e rezando para que as coisas não fiquem ainda piores?

58. O sonho com os morcegos

Durante a campanha tive alguns sonhos estranhos. E logo que a campanha acabou, no segundo turno, continuei com os sonhos estranhos. Demora para que uma experiência seja introjetada, e nos sonhos conseguimos visualizar, muitas vezes, simbolicamente, aquilo que nos toca. Publiquei uma parte desse sonho em um artigo para o blog da *Revista CULT*. Não contei uma parte fundamental, pois não queria colocar nas pessoas o mesmo medo que o sonho materializava. A parte que não contei revelo agora: sou conduzida a um banheiro por uma garota que me recebe no *campus*. Não posso usá--lo, por dois motivos. De uma fossa aberta no chão emerge o esgoto. Uma janela de vidraças é fechada por fora. Resolvo sair antes que seja tarde. A segunda parte do sonho, que revelei quando escrevi o texto: no *campus* de uma universidade, vários jovens conversavam no intervalo das aulas. De repente todos começam a correr. Morcegos esvoaçam ensandecidos em plena luz do dia, apavorando os presentes. Corro como todo mundo, sem saber para onde ir.

Assim como naquele texto, foi necessário conectar esse sonho com um texto de Theodor Adorno chamado "Teoria freudiana e o padrão da propaganda fascista", que diz o seguinte: "Pois, assim como as pessoas não acreditam que os judeus sejam o diabo, tampouco acreditam realmente no líder; não se identificam com ele, mas fingem essa identificação. Fazem cena de seu próprio entusiasmo. E assim participam na representação do líder. Provavelmente é o pressentimento do caráter fictício de sua própria 'psicologia de massas' o que faz das massas fascistas tão desapiedadas, duras e inacessíveis: caso se detivessem por um momento a pensar, todo o show viria abaixo e seriam presas do pânico."[26]

Adorno nos faz pensar nesse caráter de show, de espetáculo, de uma cena que se faz para imitar o líder. Dessa cena faz parte o discurso de ódio como um texto fácil de repetir sem pensar. É a teatralidade que convence pela simples teatralidade. É o ato de "fazer tipo" que todos conhecemos. Uma performance, o ato de parecer o que não se é, apenas para poder fazer parte da massa que também teatraliza, que também faz tipo. A massa como um conjunto de pessoas perdidas que precisa de um tipo para imitar e, assim, fazer parte de alguma coisa. A massa que, na posição de algoz ou de vítima, se sente protegida do pânico.

Na ocasião do primeiro turno, as pessoas não imaginavam que o fascismo estivesse tão intenso. Houve surpresas: candidatos com uma quantidade inexpressiva de votos segundo as pesquisas tinham avançado muito. As táticas abusivas e ilegais, como o uso de disparadores de mensagens no WhatsApp espalhando mentiras, não eram algo esperado, e todos os que fizeram uma campanha limpa saíram perdendo.

Mas voltemos ao comportamento da massa, que, ao buscar fazer parte da performance do líder, age em busca de lugar, de proteção. O "mimetismo", sobre o qual falaremos melhor adiante, é uma forma de aconchegar-se, de não se sentir perdido. Ele custa esforços, entregas. Ele é o princípio que rege a moda e que rege a política.

Pela moda não se busca o reconhecimento, mas a pura participação que dá a ilusão de segurança. A identificação é um mecanismo de proteção. Falar de moda é falar de ondas. Ondas e modas fazem muito efeito em política. O fascismo tem algo de moda — o que significa que vai passar, à medida que for sendo enfrentado com lucidez. Embora muita gente vá morrer por sua causa, muitas outras vão também voltar, pois não temos como controlar o recalcado. Na moda, o fascismo atingiu pessoas que não imaginávamos que ele pudesse atingir. Mas a quem ele atingiu? A quem a propaganda fascista, essa que se vale do discurso de ódio, realmente falou? Em que corações e mentes ela realmente foi capaz de entrar?

No extremo da solidão social e política, a pessoa mais abandonada, o cidadão mais ordinário, aquele que não tem existência social e política, o invisível, o não reconhecido, aquele que não é lembrado senão na hora do voto, e lembrado apenas como um voto, encontra sua chance de ter um lugar. E esse lugar envolve um esconder-se e, ao mesmo tempo, aparecer. E por que ele quer aparecer? Porque existir foi reduzido a aparecer. É como se existir fosse "ser percebido" (como disse um filósofo chamado Berkeley, há séculos). Logo, o indivíduo que não é percebido não existe. O exibicionismo de ideias estapafúrdias ou da falta de ideias na internet atingiu o nível do delírio. Ser percebido, deixemos claro, e ser ao mesmo tempo, integrado na massa na qual ele é mimetizado e desaparece.

O esforço, portanto, é o de ser percebido na sociedade na qual a imagem é o maior capital. O delírio geral implica o medo de não existir.

Penso no comportamento fascista, na quantidade incrível de ameaças e violências simbólicas e físicas que as pessoas têm vivido em um mundo de violência autorizada. Essa violência praticada gratuitamente serve ao neoliberalismo. O indivíduo toma como seu aquilo que o sistema social e econômico quer dele. Ele passa a ser um agente da ideologia, mas acreditado que age sem ideologia. Ele é um capanga barato, um escravo que se acredita senhor. É o neoliberalismo que propaga a violência à qual o cidadão violento serve. Ao mesmo tempo, para que a ideologia seja introjetada de maneira funcional por esse agente, é preciso cultivar o vazio do pensamento. A carência da reflexão está na base do fascismo como ideologia. Nenhum pensamento particular, nenhuma reflexão desmistificadora, nenhuma dúvida quanto à ação deve pairar no ar.

Como se produz um tal grau de inanição reflexiva que seja capaz de ser solo fértil das plantas venenosas do fascismo? É preciso compreender as condições sociais, institucionais, jurídicas, educacionais, religiosas e culturais como um todo nas quais surge o fascismo. O cidadão que adere à massa fascista perde a sua condição de sujeito autônomo, mas ele teria sido em algum momento um sujeito autônomo? Aquele que se perde de princípios cai facilmente nas malhas do fascismo. Mas o que realmente querem as pessoas que se entregam ao fascismo? O que o fascismo dá às pessoas do nosso tempo?

Escrevo agora pensando em como precisamos desconstruir as bases de uma sociedade que gera o fascismo. Em como é necessário que estejamos sempre e cada vez mais atentos às bases fundadoras da cultura. Podemos dizer que a condição humana é baseada nas relações existentes e nas relações potenciais entre pessoas que fundam instituições com o objetivo de garantir a sobrevivência de todos. Com o fascismo, regredimos à lei de Talião, ao olho por olho, à barbárie na qual cada um deve salvar a si mesmo. Uma das coisas sobre as quais nossa cultura fascista se fundou foi o poder.

O poder é confundido com a violência e a força bruta, mas, antes, ele é algo sutil. O poder que se aprende a usar e manipular é, antes, uma arma que leva ao privilégio e se confunde com o próprio privilégio. E os privilégios são sutis. São praticamente direitos mágicos. Uma reserva de bens, de solução, de conforto, de saúde, de "capitais" protetores e prósperos que ninguém mais tem, senão aqueles que têm a mística, o sortilégio, a sorte do poder. O cidadão comum, aquele que também quer o poder porque ele significa em sua vida até mesmo o direito de existir, busca um caminho. Na impotência, alguém que em tudo seria visto apenas como mais um zé-ninguém perdido no mundo, sem capital algum, nem social, nem financeiro, descobre algo como uma Igreja Neopentecostal que o recebe. Ela oferece a ele um elemento básico. Ela dá a ele o direito de existir. E como faz isso? Por meio do reconhecimento. É isso o que sempre desejamos e o que sempre trocamos com os outros. Como em um ato mágico, ele é inserido no contexto. Ele passa a fazer parte de algo. Também passa a fazer parte de um espetáculo. Pode performatizar com muita gente que se coloca como crente de uma religião. Pode imitar o pastor, ou simplesmente fazer seu papel na adoração. Estará magicamente livre da solidão que traz a pavorosa sensação de inexistência.

Se não a Igreja, a ideologia à qual ele pode aderir sem esforço algum. Basta dizer "sim". Sem qualquer tipo de diploma, de carta de recomendação, sem boas notas na escola, sem família rica, sem emprego, sem oportunidade na vida, o cidadão é aceito como alguém naquela comunidade. Ele passa a defender a Igreja, o capitalismo, o neoliberalismo, ou o que for, mesmo que não ganhe nada com isso. Ao contrário, já ganhou o que precisava. O resto é lucro. Ele existe para ele mesmo, porque encontrou um espelho, algo que se ofereceu para suportá-lo imageticamente em um mundo em que não há outro valor.

A senha de entrada é a simples adesão. Enquanto mulheres se esforçaram em 2018 para dizer "Ele não", em uma estratégia perigosa, multidões disseram um sim repetitivo e simples a um líder fascista, que prometeu o caos e a destruição. O inconsciente não reconhece a negação, já dizia Freud. Quem diz "sim" tem uma perspectiva imediata de existir e ser alguém ao unir-se ao líder autoritário apenas imitando-o.

E imitá-lo é fácil, basta repetir clichês que estão há muito tempo sendo vendidos ao imaginário. Por meio dessa imitação, uma pessoa compra a sensação de que faz parte de algo maior. Quem não quer fazer parte de algo maior? A maioria das pessoas tem o desejo de fazer parte de algo maior. Ou de pelo menos parecer que está fazendo parte de algo maior. Ou de simplesmente ter o aval de mais gente para parecer que é alguém maior. Narcisismo? Desespero? É o desejo de ter audiência que caracteriza o usuário das redes sociais em um mundo em que o contato entre as pessoas está adoecido. Vítimas desse capital espetacular digital é o que todos somos hoje, enquanto somos também algozes uns dos outros.

59. Mimetismo político: a camuflagem da vítima em potencial

Muitos se espantam ao ver pessoas que são marcadas como minorias políticas dando seu apoio a personagens autoritários. O homossexual que defende o político homofóbico, a mulher que defende o machista, o pobre que defende o capitalista ou o trabalhador que defende quem tira seus direitos trabalhistas. O espanto está na falta de identidade de quem apoia com quem é apoiado. Precisamos distinguir a identidade de classe, raça, gênero, da identificação, que, nesse caso, se constitui como projeção. Mesmo sem identidade, pode surgir a identificação. A submissão autoritária é uma forma de identificação que faz parte da história política. Na campanha eleitoral de 2018, ela veio à tona de maneira radical.

Nós nos perguntamos que interesse tem aquele que, na condição de vítima em potencial, defende o próprio algoz em potencial. O papel da ideologia está em convencer aquele que não se beneficia dela, em transformar o engano em consenso. Chamaremos de vítimas aqueles que se encontram nessa posição inconsciente de adorar aquele que as odeia. Sadomasoquismo? Certamente, mas não só. De fato, as vítimas em potencial não sabem o que fazem. No extremo, se tornam fascistas se seu líder autoritário adorado for um.

De uma forma que parece autocontraditória, a vítima, "não idêntica", busca imitar seu algoz. Animais que aprendem por imitação, somos, em todas as áreas da vida, praticantes de um comportamento mimético fácil de reconhecer. Aprendemos a falar, a sorrir e a chorar, a cantar e dançar por meio de repetições que imitam gestos básicos e comuns do outro. Todas as nossas operações de linguagem, do mais simples aprendizado à mais complexa das artes, contêm, na base, algum traço mimético.

A imitação que interessa comentar aqui é a imitação política. Os uniformes de guerra camuflados são uma imagem exemplar do procedimento dos que precisam se esconder no ambiente em busca de proteção. Isso vale para a hipótese de que a guerra seja a continuação da política por outros meios (Clausewitz),[27] ou de que a política seja a continuação da guerra por outros meios (Foucault).[28] Os soldados uniformizados, suas armas, seus tanques e caminhões devem se igualar ao que existe ao redor para, não sendo vistos, não serem devorados.

Assim como o soldado se camufla para não ser morto, a mulher, o homossexual e o pobre encontram suas formas de camuflagem para evitar serem pegos. Imitando as ideias, as palavras, e até mesmo as roupas e gestos do líder ou do grupo autoritário, o que o sujeito da minoria alcança é a proteção fundamental. Parecendo igual, ninguém notará sua diferença. Por meio desse procedimento, ele deixa de ser "o outro" como vítima em potencial ao se igualar ao mesmo. É assim que funciona a projeção.

Mimetizar-se também com as ideias estapafúrdias é fazer parte do delírio. Estar protegido e acreditar nisso são coisas diferentes. Mas a verdade vale o esforço, e ela está no ato de se livrar do medo no gesto, o que a vítima em potencial alcança entre a aposta e a mágica.

Talvez haja verdade no clichê "cada um se defende como pode". Até mesmo o clássico oportunismo em política não deixa de ser uma espécie de camuflagem. O método é sempre o mesmo: estar de acordo com a tendência dominante.

Por outro lado, além de se defender acreditando que se está protegido da ameaça que ele mesmo vê no algoz, o imitador pode conseguir algo mais. Talvez a sua chance de ser algoz e, por meio dela, vingar-se de todos. O problema é que ele alcançará ser algoz de si mesmo, confirmando a contradição na qual está mergulhado. Uma contradição grave, pois implica sua própria autodestruição física. Sem deixar de ser vítima em potencial, ao se igualar ao algoz, o imitador torna visível o seu método e a sua contradição. Assassino em potencial dos outros e de si mesmo, ele dá razão ao algoz que está acima dele e que define que sua vida não vale a pena. É a isso que estamos chamando de "delírio" desde o começo deste livro.

60. Vergonha, novos-ricos e nova política

As vítimas, ao contrário dos algozes, sentem vergonha. A vergonha surge e é ocultada em uma sociedade na qual o reconhecimento não existe.

A chamada classe média baixa é a mais triste herdeira da miséria espiritual que está no cerne das classes donas do capital e, talvez, a pior vítima da vergonha que busca negar. Por "miséria espiritual" entendemos um conjunto de afetos e posições políticas que vão da inveja à destrutividade, do analfabetismo político à prepotência, do complexo de inferioridade disfarçado de superioridade ao punitivismo jurídico, ao qual se adere com facilidade para se parecer moralmente bem situado.

Quando falamos em "capital", referimo-nos geralmente apenas ao capital econômico. Mas, considerando que o capital é cada vez mais um problema também cultural, devemos falar de todo um contexto de "valores" que se tornam mais ou menos caros para as pessoas e que se encarnam nelas mesmas.

A questão é como é possível que pessoas marcadas por opressões de raça, classe, gênero e sexualidade possam se posicionar contra aquilo que as liberta e, em contradição consigo mesmas, favorecer aqueles que agem de maneira opressiva contra elas? Compreender o que vem sendo chamado de "meritocracia" ajuda a dissipar esses mistérios. "Mérito" é um termo usado para falar dos ricos que já são ricos e podem se tornar ainda mais ricos e dos pobres que conseguem se tornar cidadãos de classe média, que mudam de condição econômica. Foi a ascensão do que conhecemos como "novo-rico", aquele grupo que deu um salto econômico em termos de classe, trouxe à moda a ideia de mérito. O poder do mérito desenvolveria uma sociedade de vencedores e vencidos, como defendem autores neoliberais. Sorte de quem for vencedor, azar de quem for vencido.

O novo-rico, um tipo de classe média, se constitui como uma classe amparada na imitação dos muito ricos, seus hábitos, usos e costumes. Toda a classe média baixa sofre a influência dessa estética e desses hábitos. O novo-rico se aproveita do "aparecer" com o objetivo de enganar menos os outros do que a si mesmo. Por isso, quando mais bem remunerado, quando alcança o capital, compra logo os signos que organizam ao olhar do outro a imagem da riqueza: o carro de marca, a casa em Miami, o jantar no restaurante da moda, o relógio, a bolsa, a viagem. Mas o novo-rico é um modelo, e cada classe é novo-rico à sua maneira. Cada um compra o que pode. Se não der para tudo isso, podem ser os óculos escuros do camelô no lugar do de marca, pode ser a camiseta da loja do shopping no lugar da casa em Miami ou um tênis no lugar do carro.

Há quem ria dessas pessoas com maldade. Mas não se deveria rir daqueles que, na verdade, escondem um profundo sofrimento no seu ensejo de parecer no tempo presente algo que não foram no passado. A ideologia da "resiliência" vai junto com a meritocracia, e todos defendem a "superação". Por trás disso, muita vergonha e o sofrimento que ela carrega devem ser recalcados.

A classe média baixa, aquela que tem acesso aos "produtos de qualidade" variável conforme seu poder de compra, inclusive aos produtos da indústria cultural "de qualidade", é fruto do paradigma capitalista que oprime e ao mesmo tempo seduz. O medo de perder o que se conseguiu por meio de sacrifícios e esforços, mesmo que se tenha conseguido muito pouco em comparação aos realmente ricos, coloca muitas pessoas inconscientemente a serviço da ideologia meritocrática, ela mesma uma forma de autodefesa simbólica para quem tem poucas chances concretas de ascensão econômica ou social.

A vergonha de ser pobre convoca a essa ideologia. Ela obriga muita gente a tentar parecer ser o que não é. Mas isso é compreensível. Um carro pode representar muita coisa na vida de quem não tem nada e, ao não ter, se sente também um "nada". Do mesmo modo, com objetos até menos valiosos do que um carro: uma televisão, uma geladeira, um computador ou apenas uma roupa nova pode trazer alento existencial para quem se perdeu, ou foi sequestrado de si mesmo. Um emprego — como a ideia de uma "posição social" — pode ser o que há de mais valioso conforme o poder que não se tem. As pessoas tendem a se medir pelas posses, pois os bens são um sinal de segurança e status em uma sociedade na qual coisas valem demais, certamente, mais do que as próprias pessoas.

As pessoas passam a se medir pelos bens, pois assim aprenderam com o capitalismo, que primeiro as mediu como coisas, que primeiro as colocou na condição de mercadoria. O que é um ser humano para o capitalismo, senão um objeto útil, uma força de trabalho descartável? Podemos então culpar as pessoas pela miséria espiritual em que vivem e que ajudam a fomentar, se ela é a própria lógica do sistema? Não teríamos que mudar o sistema para mudar esse modo de ser das pessoas?

Ainda sobre a classe média, quem consegue mudar de classe social muitas vezes faz questão de se esquecer de onde veio. A pertença a uma classe é para muitos sinônimo de sofrimento. A vergonha é um sofrimento a mais para quem já sofre com a miséria e a pobreza. Melhor esquecer a vergonha e acreditar na ilusão. Quem negaria que é melhor usar o esquecimento como uma virtude quando o que está em jogo é a urgência de sobreviver, inclusive subjetivamente?

Por outro lado, há quem seja capaz de capitalizar a própria pobreza e, nesse caso, temos que voltar à análise dialética de uma sociedade na qual tudo e todos se transformam em mercadoria. Nem todos conseguem se reconciliar com a vergonha e enfrentar a crítica social e cultural necessárias em uma situação dessas; muitos preferem recalcá-la. Não se deve julgar uma pessoa por isso, mas, antes, investigar o que está em jogo para buscar transformar esse cenário.

61. A política que há de vir

Da vontade de fazer — de sair da teoria que deseja a prática e ir à prática que deseja a teoria — faz parte a vontade de escrever. E escrever não é fácil, embora possa parecer. Digo isso pensando na importância de sustentar e garantir esse espaço de subjetividade livre que parece não ter mais lugar entre nós quando fomos reduzidos a funções. Penso em um velho personagem da história da filosofia e da literatura, Michel de Montaigne, ao dizer: "sou eu mesmo a matéria de meu livro".[29] Penso nesse direito de ser quem se é.

Um dos lados péssimos da política é este: de algum modo, você não tem mais o direito de ser nada, nem ninguém, além de um "político" depois que passa a ser "candidato". Participar de atos políticos, filiar-se a um partido, apoiar e fazer campanhas políticas não tiram de você a sua simples cidadania, mas depois de tornar-se candidato é como se você tivesse cruzado um limiar. E não há retorno. A partir dessa ultrapassagem, é como se você estivesse proibido de ser você mesmo. Essa funcionalidade do sujeito político implica algo do que chamamos de "antipolítico". Se não estabelecermos um diálogo entre a política e a vida, talvez a política não tenha futuro, mas talvez a própria vida não tenha futuro.

Juro que gostaria de falar com mais humor sobre isso. Mas permaneço de algum modo estarrecida. Menos com os fatos do que com a comparação inevitável que se tem que fazer entre o passado e o presente. Dois pontos de apoio importantes para compreender esse fenômeno estão em dois textos que se tornaram clássicos, *Totem e tabu*, de Freud,[30] e "Troca e poder: filosofia da chefia indígena", de Pierre Clastres.[31] A ambiguidade que se tem em relação ao chefe fica explícita no primeiro. A admiração e a inveja. A primeira pode ser verbalizada, a segunda, não. No segundo texto, um aspecto fundamental da condição do chefe em uma sociedade contra o Estado. O chefe é aquele que tudo dá. Aquele que é obrigado a dar por estar no poder, mesmo que nunca tenha desejado estar nele. Aquele que cai na condição desprezada do chefe, na armadilha do poder, será amado e odiado. Nunca simplesmente amado ou odiado. Será admirado, invejado e, ao mesmo tempo, desdenhado.

Também por isso, as pessoas se afastam da política, porque, além de pais e mães, de filhos e irmãos, todos querem se realizar como seres humanos, todos querem inventar sua vida, seguir com atividades profissionais e comuns. Todos querem ser amados, nunca odiados. Todos fogem daquelas situações que podem despertar o ódio. A vida do ser humano comum é tremendamente melhor do que a vida dos poderosos. Sobretudo dos poderosos que levam a vida política a sério. Daqueles que não buscam nela uma compensação pessoal. É certo que buscamos alguma compensação em nossas atividades mais altruístas, mas a política poderia ser a atividade mais altruísta de todas que, mesmo assim, não traria nenhum resultado positivo. Penso nos presos políticos do mundo lutando por suas causas. E penso na simples causa dos pobres, a causa de Lula, por exemplo, e de toda uma esquerda ligada aos movimentos sociais e comunitários de base. E penso em como é possível que simples condições de uma vida digna, longe da fome, da humilhação e da violência, possam ser tratadas com tanta avareza pelos donos do poder.

O que chamo de "donos do poder" são as elites. As oligarquias. Os donos do poder não são personagens menores. São personagens fundamentais na história do adoecimento das relações com a política. Como políticos, no sentido de ocupantes de cargos, eles são personificações do poder na sua forma mais doentia.

Tenho uma hipótese que merece nossa consideração neste momento. Há duas formas de ódio à política. De um lado, o conhecido e cada vez mais evidente ódio que o povo tem da política. Do outro, e dando origem a esse ódio mais conhecido, um ódio que é dos próprios políticos em relação ao povo. Amam o poder, mas odeiam o povo e odeiam a política como instância democrática, que exige a presença das populações, das pessoas comuns que não participam dos governos convencionais. Não falo aqui simplesmente de democracia como "poder do povo", mas de toda forma de política, pois toda forma de política implica, necessariamente, a massa, a multidão, o povo.

Penso nas monarquias, nas tiranias. Há uma fragilidade no poder; quando entra muita gente, o poder se esfacela, corre o risco de esboroar.

Por isso, uma reforma política se faz tão essencial. As práticas do poder parecem estar fora do nosso tempo. Precisamos de mais atuação da função fraterna, que é o contrário do poder. Nesse sentido é que considero urgente meditarmos sobre ela para fazer avançar nossa compreensão sobre a política de hoje e a política que há de vir.

62. Funções

Lembro-me de um momento em que me foi concedido o uso de um carro. Não lembro a marca. Lembro que era preto e que era blindado. Eu, que não tenho carro há muitos anos, assim como não tenho televisão, andava no banco do carona com um motorista que se tornou um querido amigo. Mas houve um dia em que um companheiro vindo de outra cidade me falou para andar no banco de trás. Eu devia, segundo suas palavras, me acostumar a ser uma governadora. E, durante todo o tempo, esses pequenos gestos e atos rituais e teatrais estiveram presentes, e tentei contemplá-los dentro do possível, mas sempre na expectativa de que, em breve, mudaríamos aquilo. Vi, nesses pequenos sinais, a representação do poder que sempre traz à presença a ideia de autoridade ligada à figura do pai.

É um lugar em que se está sempre a relembrar a figura do pai, a função paterna do poder, do *pater potestas*, a atualizá-la como uma página da internet. É a atualização da narrativa que não admite a aparição da função fraterna. Algumas pessoas não se adaptam a isso tão facilmente. Um exemplo é Fernando Haddad, que sempre me pareceu mais um sujeito da função fraterna do que da função paterna, própria à mística do poder.

O apagamento da subjetividade do sujeito, como se ele não tivesse mais nem gosto pessoal nem sensibilidade, liga-se a esse "não ser igual", que é contrariado justamente na função fraterna — a capacidade de convívio horizontal de igual para igual, proibida para o líder. Um líder que seja excessivamente marcado por essa função será considerado fraco. Quem for muito igual aos outros, quem não praticar a performance do sujeito intangível e místico que, ao mesmo tempo, surpreende por sua humanidade, será desrespeitado.

De um lado, o poder exige uma mística. A condição do ungido que não pode ser negada. Essa função está na condição especial. O candidato é tratado como alguém de cristal. Algo quebrável. Foi assim que me senti todo o tempo. Por isso, muitas informações úteis me eram sonegadas. Por isso, as fofocas, que são uma parte muito chata mas inevitável do processo, me eram ocultadas. Eu ficava sabendo de muita coisa pelos agentes mais improváveis, porque entregava meu número de telefone a qualquer pessoa que quisesse falar comigo. Durante todo o tempo, tentei tratar a campanha como um ensaio de governo, tentando salvar aquele exercício da pura publicidade. E, nesse processo, realmente desejava estar perto e escutar as pessoas, independentemente de suas demandas.

Pesam exigências de performances sempre desagradáveis sobre a figura de quem se candidata. E eu achava graça da quantidade de pessoas que tentavam me ensinar a falar. Nesse ponto, a generosidade misturava-se à ansiedade, as pessoas me davam insumos, mas também exigiam que eu dissesse isso ou aquilo, conforme as demandas e urgências. E me cobravam. E me corrigiam. O que descobri com tristeza é que o discurso da campanha não poderia aprofundar em nada aspecto algum de coisa nenhuma. Que a ordem do discurso era a mais estreita, que se devia repetir e repetir. Que havia uma maneira econômica de dizer. A maestria do dizer era uma arte meio desnecessária no contexto em que repetir bastava. E que fazer política tinha a ver justamente com a habilidade de falar de um modo muito direto, óbvio e, inevitavelmente, chato.

Na forma como a levamos, a política é um lugar árido onde todos se apagam, onde se é despersonalizado. E isso acontece por meio do coletivo, que, ao mesmo tempo, destrói a subjetividade e constrói um personagem. Isso se deve ao complexo de rei e de vassalo que está em jogo nas relações políticas. A dialética entre senhor e escravo e sua cena. A luta organizada na forma de um teatro. A guerra ocultada na hipocrisia e exposta em uma performance na qual será vencedor quem emocionar mais.

O apagamento da subjetividade se dá em nome da função, assim como o apagamento de todos se dá em nome de um só. Esse "um só" encantará as massas se souber dançar conforme a música, portar-se conforme a mística. Espera-se do sujeito ungido uma performance. Alguns se prestam mais a isso do que outros. Alguns parecem ter nascido com essa capacidade. E, por enquanto, vencem os homens que realizam com muito mais naturalidade a performance do político, o ser marcado pela habilidade de encenar o poder.

63. A parte podre da política

"Política" é um termo arcaico traduzido hoje por "cidadania". Nesse sentido, poderíamos pensar no poder como o elemento que se partilha na cidadania, esse espaço de exercício da condição do cidadão, aquele que, em termos mais antigos, chamaríamos de "político".

O sentido da palavra poder ao longo deste livro praticamente se opõe à "política" e à "cidadania". É como se o poder fosse a parte ruim da política. Nesse sentido, o ódio, a aversão das pessoas por algo como "política" tem muito mais a ver com um ódio ao poder devido ao seu caráter destrutivo, dominador, estruturador de relações que necessariamente levam mais à guerra do que ao convívio, mais ao ódio do que ao amor. Só ama o poder quem delira e, por caminhos tortos, o ódio que vemos hoje à política é muito antes feito de ódio ao poder, porque é o poder que primeiro abre espaço ao ódio, vive dele. É o poder que, na política, lembra às pessoas como são esquecidas pela política. Por isso, temos que nos manter na política, ressignificando-a e recriando-a, em luta para desconstruir o poder. Pois o poder é o veneno que adoece a política e, desse modo, as pessoas nela envolvidas.

A política não deveria se reduzir ao poder. Não deveria ser rebaixada a um simples jogo de poder. Ela pode ser mais do que isso, se as pessoas, cidadãos e cidadãs que a constroem, assim o desejarem. O problema é que já não sabemos onde está o desejo e quais são suas potencialidades. De certo modo, as pessoas abandonaram a política àqueles que se colocam na posição de donos do poder e o mantêm como um jugo contra as demais pessoas, para seus fins privados.

Filósofos contemporâneos falaram de "potência" em oposição a "poder", e eles tinham razão, e a palavra "potência" começou a fazer sucesso, sobretudo em conversas críticas e alternativas. Mas os donos do poder não se preocupam com ela. Entre o céu e a terra, o seu negócio é bruto demais para perderem tempo com filosofias. Seguem de costas para ela e, quando descobrem que são observados, passam a usar do cinismo como método.

Não há vida que não seja atravessada pelo poder, isso é certo. O poder não é uma entidade abstrata, por mais que possa parecer. Ele é uma forma de relação. Ele é o movimento entre a origem e o fim que permite fazer algo na direção do outro e que, para o bem e para o mal, faz do outro um espelho que se volta contra ou a favor de quem o move.

De certo modo, o poder é, ao mesmo tempo, sempre uma causa, e as instituições e pessoas são seu efeito. Justamente porque o poder não vê espaço para a subjetividade livre — o espírito livre escapa ao poder — é que devemos continuar nos perguntando quem somos e como nos tornamos o que somos, se quisermos seguir por um caminho que nos faça pertencer a nós mesmos.

64. Veneno

A subjetividade é afetada pelo poder. O poder é como Deus e como o capital; mesmo que não queiramos saber deles, eles nos afetam, na medida em que fazem parte do imaginário social e do real que, querendo ou não, compartilhamos com outras pessoas, o mundo em comum ao qual damos o nome de "política". O poder forma as pessoas e afeta vidas. Ele se organiza para dar funções a pessoas, de tal modo que não possam mais existir como simples pessoas.

Por semanas e meses, observei pessoas em suas relações com o poder. Vi de perto os grandes e os pequenos poderes afetando as mais diversas pessoas. Observei as prepotências e as impotências, as vitórias e as derrotas, as dominações, os jugos e os jogos, as forças e as fraquezas apresentando-se muitas vezes sem comedimento, sem qualquer vergonha. Ora um clima de culpa, ora um sinal de esperteza, revezando-se como ventanias, atravessando com força janelas mal fechadas. Sobretudo, observei a mim mesma; queria ver se eu também seria afetada por esse miasma com o qual os homens convivem tão bem. Pelo menos, assim me pareceu, bem melhor do que as mulheres.

É verdade que o poder ataca o corpo, que ele é algo de ordem física, mas, ao mesmo tempo, ele vem da linguagem, é algo numinoso, teológico, místico, de ordem espiritual. Força, vigor, violência são apenas suas formas explícitas, suas aparições conhecidas e sintomáticas. O poder é um espírito e, como tal, olha para as pessoas que esperam ser olhadas por ele e, um dia, tocadas, ungidas, transformadas em alguma outra coisa para além do ordinário, para além da submissão à qual estão entregues. Creio que todos pretendem ser salvos pelo poder. Que o poder é a chance de existir para aqueles que não foram reconhecidos. E nesse ponto reside outro aspecto do problema do reconhecimento. Não basta ser olhado por qualquer um, ser reconhecido por qualquer um, é preciso ser reconhecido pelo "poderoso". O poderoso, santo, rei, deus, é aquele que detém os olhos do pai.

O sadomasoquista típico é aquele que se submete à autoridade fria e cruel e, ao mesmo tempo, é alguém capaz de agir com agressividade total em relação a quem considera inferior a si mesmo. A mentalidade hierárquica e instituições, tais como o Exército e a Igreja, estruturadas em hierarquias, fazem muito sucesso em contextos de surto sadomasoquista. O puxa-saco é a sua forma mais visível no cotidiano.

Ao entender melhor as formas de ser dessa coisa que apaixona ou apavora, talvez possamos escapar dela, se não de suas causas, de sermos seus efeitos mais terríveis e patéticos, como é o puxa-saco que merece agora as nossas considerações, porque é tão comum na vida em geral quanto na vida do poder.

65. O puxa-saco ou o sadomasoquista

De todas as subjetividades afetadas pelo poder, a mais explícita é a do puxa-saco, figura popular e desprezada por quem pensa não ser puxa-saco. Ao adular pessoas famosas, poderosas ou ricas, ao bajular qualquer um que detenha poder, seja ele midiático, político ou econômico, o puxa-saco não passa, no fundo, de um chato cujo comportamento servil incomoda quem não precisa dele. Mas ele é a presença que conquista quem estabeleceu uma relação frágil com o poder que tem, ou imagina ter. Há quem goste de puxa-sacos.

Vi vários desses tipos sadomasoquistas ou puxa-sacos em ação. Dos mais perversos aos mais inocentes. Durante uma caminhada em uma feira, passeando como quem não quer nada, mas esperando certamente a boa recepção das pessoas para entregar-lhes um panfleto, vi um companheiro que sempre me tratou muito bem e às demais mulheres "poderosas" do grupo, deputadas ou candidatas, dizendo coisas terríveis para aquelas que nos ajudavam carregando bandeiras e outros materiais, nos trazendo água ou simplesmente nos dando segurança. Da mesma maneira que me tratava bem, segundo parâmetros de respeito, ele tratava mal as outras com palavras agressivas. Infelizmente é um padrão de comportamento comum nas personalidades submetidas ao sadomasoquismo. Na base da personalidade autoritária e, no caso específico da sua presença no mundo da vida, não se pode mesmo fazer diferença entre esquerda e direita. A esquerda é tão sadomasoquista quanto a direita. Os ricos são tão sadomasoquistas quanto os pobres. As mulheres tanto quanto os homens, os heterossexuais tanto quanto os homossexuais. A única diferença está na forma da relação com o poder. Aqui é importante que tenhamos em mente a habitual diferenciação entre posicionamentos políticos e psicológicos para entendermos que, no sadomasoquismo, e em outras formas perturbadas, eles se unem. O sadomasoquismo sempre vem junto com o comportamento. Ele é o que vem à tona na experiência política. Como uma pústula que vem a furo.

Entre os sadomasoquistas que encontrei, havia aquele que forjava um sorriso ao me ver, como se fosse sua obrigação sorrir para mim, depois de ter xingado pessoas ao seu redor e feito mil outras grosserias, como eu ficava sabendo. O sorriso pode ser um convite à alegria, uma manifestação de uma boa disponibilidade afetiva, mas pode também ser uma máscara. No caso do sadomasoquista, quando está na posição do puxa-saco, submisso a adular seu suposto "superior", ele saca essa máscara do bolso ou da gaveta como um objeto hipnótico. Dá para contar os segundos até que ela seja colocada no rosto.

Eu soube de pessoas muito grosseiras com todo mundo e que agiam comigo como se eu fosse diferente. Eu poderia dar nomes a esses personagens e transformar esse texto em um *roman à clef*, ou em uma dessas operações da polícia com codinomes, mas depois de pensar um pouco melhor, a dignidade da teoria e da literatura falou mais alto. A compaixão que sinto pelos seres humanos mergulhados em sua miséria espiritual e material falou mais alto ainda, e o amor ao próximo que há em mim me levou a olhar mais uma vez com lentes cuidadosas para o poder e tentar salvar as pessoas coisificadas por ele.

Aqueles que me tratavam de modo diferente me tratariam ainda mais diferente se eu estivesse em posição de vencer? O fracasso anunciado pelas pesquisas me deu essa posição privilegiada na hora da observação.

O fascismo avançou em nossa sociedade porque o sadomasoquismo está enraizado nela. Ele deriva de uma incompetência para ter relações de respeito e reconhecimento. Podemos dizer que o sadismo é ele mesmo causa e feito de um adoecimento do contato. Somos incapazes hoje de conviver dentro de limites, nos autorizamos a desrespeitar e brigar.

As personificações dos sadomasoquistas sociais, que abaixam a cabeça para os coronéis enquanto exigem subserviência de outros, aparecem hoje também em ambientes digitais. Os covardes digitais encontram lugar nas redes sociais, encontram o prazer de maltratar verbal ou fisicamente pessoas de quem teriam medo na vida real. É bom lembrar que sadomasoquismo foi um termo primeiro usado para falar de relações sexuais consideradas perversas ou fora dos padrões aceitos pela moral europeia do século XIX. Até hoje o termo "sádico" relaciona-se à ideia de alguém que sente prazer em fazer o outro sofrer, enquanto o "masoquista" sente prazer em ser objeto do sofrimento causado por outro. No sadomasoquismo, as duas posições psíquicas se confundem em um jogo curioso. Não espanta que a classe média, aquela para quem Freud sempre prestou serviços como psiquiatra, adore os privilégios dos ricos e odeie os direitos dos pobres. Já a redução do sofrimento que faz parte da luta por direitos humanos interrompe o jogo sadomasoquista, e por isso é insuportável. Meio de subjetivação, padrão introjetado, o sadomasoquismo está no amor submisso ao líder, nas práticas de humilhação nas escolas, no discurso de ódio e no desejo de punir, que são comuns à nossa época.

A sexualidade atravessa as relações. O sadomasoquismo é comum a elas, mas em um sentido expandido que vai muito além das perversões históricas ligadas a práticas sexuais. Digamos que as práticas sadomasoquistas estereotipadas, pessoas vestindo roupas de couro e se chicoteando em altas orgias à luz de velas, são o que há de mais enfadonho — e inofensivo — na história do sadomasoquismo. O fascismo é bem mais picante e comanda muito melhor a sexualidade ansiosa. "Uma grande tara social mal resolvida" talvez seja a sua mais perfeita definição.

Lacaios, capitães do mato e *capos* dos campos de extermínio têm um elemento em comum com o puxa-saco: o desejo de punição. O gesto punitivo do cidadão ordinário é imitado do poderoso. Não é à toa o endeusamento de juízes que, do ponto de vista psicanalítico, são canalhas típicos, tal como nos explica Lacan.[32] Como autoridade, embora pudesse ser a própria vítima, ele persegue um objeto de fetiche: a mulher, o judeu, o indígena, o pobre ou mesmo o presidente nordestino.

66. Coragem

Finalmente chegamos a esse assunto. "Coragem" foi um dos termos que eu mais ouvi durante a trajetória de poucos meses em 2018 durante os quais fui primeiro pré-candidata, depois candidata, de junho a começo de outubro, enquanto as campanhas disfarçavam a sua própria anormalidade em um contexto de Estado de exceção. No Estado Pós-Democrático, sobre o qual escreveu Rubens Casara,[33] e no Brasil depois da democracia, fingimos os mesmos protocolos de antes, fizemos de conta que estávamos seguindo a Constituição rasgada por aqueles que, como agentes do judiciário, deviam protegê-la, uma estratégia para ver se podíamos reconquistar a democracia. Tê-la de volta fingindo que não a perdemos ou, pelo menos, que não a perdemos de todo e — por caminhos que podemos chamar de "naturais", tais como o voto — reconquistá-la. Seguimos conscientes de que manter as aparências era fundamental para recuperar a verdade do fenômeno. "Fazer a egípcia", de certo modo, era o que valia naquele momento em que o Estado de exceção tinha se tornado regra, ou seja, em que os donos do poder no Brasil agiam como bem entendiam, em nome de seus fins privados.

Nesse tempo da candidatura, era constante receber das pessoas agradecimentos por minha coragem, do mesmo modo que tantas outras pessoas se espantavam com ela. Perguntar o que essas pessoas todas queriam dizer com "coragem" não ajudava a apagar o clichê, cada vez mais visível na repetição da palavra. Por trás desse comentário, escondia-se um medo profundo da política, que eu precisava entender mais a fundo.

Meditando sobre a coragem, não era possível esquecer que meus adversários eram quase todos homens, e duvido que algum deles tenha sido questionado sobre sua coragem. A questão da coragem aparecia a todo momento porque as pessoas, de certo modo, me consideravam uma criatura frágil. Fosse por ser mulher, fosse por ser escritora e professora ou simplesmente "novata" nas lides político-partidárias, as pessoas me olhavam com um misto de compaixão e espanto, admiração e estranheza, e diziam, elegantemente: "Parabéns por sua coragem." Ou, com intenções menos generosas, no tom de uma constatação: "Você é muito corajosa", muitas vezes com uma exclamação e cara feia.

Havia uma outra candidata, Dayse Oliveira, do PSTU, um partido que não tinha tempo de TV nem era chamado a fazer parte dos debates que aconteciam na televisão. Até hoje a fantasia de perguntar se ela sentiu algo parecido com "coragem" ao se candidatar em um mundo machista, capitalista e racista como é o nosso me vem à mente. A pergunta fica aqui como uma simples fantasia, ou uma metapergunta que eu faria, mas não farei, porque alimenta essa questão que, espero, possamos ultrapassar o mais rápido possível para que muitas mulheres se candidatem logo, vençam e mudem o que chamamos de "poder". Se alguém pode realizar essa alquimia política, esse alguém são as mulheres, e vou seguir acreditando nisso, programaticamente, como cabe a uma feminista.

Se há coragem é porque há medo. A coragem era um assunto dos outros que coube a mim. E se está em jogo a coragem, também está o medo. Mas que medo? O medo da política. O grande medo que a política produz. E que medo é exatamente esse? Medo de que tivesse poder, medo de que o poder me tivesse? Será que o espanto que as pessoas tinham com a minha candidatura se devia ao medo de que eu fosse até o mundo da política e me contaminasse por ele? Mas que mal poderia haver nisso? Seria o medo de que eu voltasse contaminada e espalhasse o mal da política para todo lado? Lembro-me de pessoas que diziam que gostavam de mim como filósofa, mas não como política. Eu achava graça, porque, como filósofa, de certo modo sempre fui política e, além disso, as pessoas valorizam muito o seu gosto e o seu afeto concedido. Em uma sociedade em que o afeto é objeto de chantagem (e também um capital), de fato, há que se tornar cuidado quando alguém decide não gostar de você.

67. Totem e tabu

Retomar *Totem e tabu*, de Freud,[34] foi importante. Um livro fundamental por tocar em conceitos que têm uma profunda validade política ainda hoje. Política é, sempre foi e sempre será um assunto sobretudo antropológico, e a psicanálise pode nos ajudar muito a compreender melhor as relações de poder nas quais estamos envolvidos sem o saber.

Todas as relações que podemos chamar de políticas são antes relações de parentesco. Têm no seu fundo importantes relações que podemos chamar de "familiares", em todos os sentidos da palavra. A sociedade política, a grande tribo humana, se divide em classes, ou fratrias. Direita e esquerda talvez estejam fazendo essa função entre nós neste momento. Os partidos políticos são como clãs que existem para evitar o incesto. Daí as fidelidades partidárias cada vez menos respeitadas quando os clãs se encontram em crise. É natural que o incesto, ou a mistura dos partidos, seja evitado em busca de civilização, mas a barbárie se caracteriza pela promiscuidade anterior à proibição do incesto. A exogamia nos ajuda a entender isso. Ela é parte das regras impostas pela existência e pelo respeito a um totem. Não se casa com alguém do mesmo totem.

Todo clã tem seu pai todo especial. Mas todo clã tem também o seu totem e os seus tabus. E, como nos diz Freud, o avanço técnico e social da civilização afetou muito menos o tabu do que o totem. Seguimos firmes com o tabu, porque não podemos viver sem ele. Na origem, ele é um mecanismo de proteção, mas também é parte fundamental e constituinte do poder.

No caso, em nossa pseudoprotocivilização (civilização ainda não realizada de todo, com chance de nunca chegar a um equilíbrio maior), a política como um todo é que foi colocada no lugar do tabu. Ela foi transformada em algo proibido por aqueles que pretendem ser seus usuários vitalícios, os únicos cidadãos de um reino, habitantes privilegiados de um território do qual pensam ser donos e proprietários. Proibida conforme as necessidades dos que a reservam como um sistema de privilégios, como uma rua fechada por uma cancela, uma praia particular, a política foi vendida para os que estão de fora como um sistema de corrupção. Era mais fácil ensinar a odiá-la do que partilhá-la livremente. Assim é que a política virou algo sujo. A regra do tabu é a de não tocar aquilo que está sujo. Nos tabus clássicos de outros tempos, citados por Freud, vemos desde a carne de porco até a menstruação.

Foi uma estratégia astuciosa de garantir o afastamento das pessoas, vendendo a ideia de que elas estariam sendo protegidas de algo destrutivo, como um alimento contaminado por um verme, como sexo perigoso. Foi um jeito, sobretudo, de manter afastados os indesejáveis, mas principalmente a horda de indesejáveis na política que são desejáveis como escravas e submissas: as mulheres, esses seres que vivem a limpar o mundo e fazem isso cuidando das pessoas e da casa.

Segundo pesquisas, nos países com maior número de mulheres no parlamento há menos corrupção. Mas a desproporção entre mulheres e homens nos contextos parlamentares de todos os países é imensa. E, no Brasil, os partidos que se vendem como não corruptos ou anticorrupção — ou, ainda, como defensores de "Operações" — ganham espaço no imaginário popular à esquerda e à direita. A questão é que usam métodos questionáveis para fazer essas "higienizações". Repetem o tabu, quando queriam estar além dele. Sabemos os custos dessas "Operações", que servem sobretudo para acabar com as empresas estatais, destruindo também toda uma cadeia econômica produtiva e geradora de empregos. Mas também servem para destruir a esquerda que chegou ao poder, a única que importa, porque as demais "esquerdas" são apenas decorativas ou ilustrativas, não causam real incômodo ao *status quo*. Mas têm um papel importantíssimo, dão a aparência da existência de alguma democracia a uma sociedade desigual, sobretudo quando ajudam na limpeza partidária por meio do moralismo e de outras atitudes nada morais que, em países como o Brasil, assemelham-se à limpeza étnica e racial.

"Corrupção" é um termo que vai se tornando cada vez mais inespecífico. Os velhos ladrões se tornaram corruptos, mas há muitos ladrões cujo roubo não parece importar às pessoas. A seletividade dos culpados e a falta de escrúpulos dos poderes já se tornaram comuns, e nenhuma perplexidade há de barrar o cinismo instaurado entre nós. Quem poderá ser responsabilizado por seus atos se o todo da culpa já tem uma origem preestabelecida?

A retórica da corrupção é, ela mesma, corrupta, a ponto de ficar muito claro, para o senso comum, que o "combate à corrupção" se transformou em um totem linguístico. Algo que todos devem cultuar, que ninguém deve esquecer, que deve sempre ser mencionado, sob pena de, ao não se falar no que se deve falar, ser colocado inevitavelmente pela audiência na condição de seu defensor. Sobre o totem, vale a pena ler o que Freud diz: "O totem é, em primeiro lugar, o ancestral comum do clã, mas também seu espírito protetor e auxiliar, que lhe envia oráculos, e, mesmo quando é perigoso para outros, conhece e *poupa seus filhos*."[35] O totem é uma ideia pronta, uma verdade ancestral, que serve ao clã, mas não serve ao outro. A parte mais importante com certeza é essa em que se menciona como "poupa seus filhos".

Estamos, portanto, inscritos em um grande mito, uma narrativa explicativa da origem. A da conspurcação geral da qual podemos nos salvar se não politizarmos. E quem politiza? Os negros, as mulheres, os partidos de esquerda. Todos tratados como terroristas. "Politizar" se traduz no imaginário por "sujar", por incorrer no tabu para o qual não há salvação se o totem não estiver intacto.

A ideia de uma "guerra à corrupção" deve ser sempre repetida, validada na cultura como se fosse um caminho inevitável para a salvação. Ela ocupa o lugar do totem junto com todos os "não corruptos", que, em geral, são os mais corruptos. Assim, mergulhados no que muitos acreditam ser as águas limpas do discurso, a conspurcação corre solta. Porque falar tem uma função que não é a de produzir nenhuma verdade, mas causar efeito. De promover a ação de outros conforme a lógica que importa na fala, pois toda fala é performática. Isso é da ordem da fala. Ao mesmo tempo que falar parece a realização simbólica, performática, de que se está fazendo, de que estão todos agindo.

Os cidadãos que não são tão limpos como gostariam de ser preferem não se envolver com política concretamente, enquanto se compensam acusando em coro aqueles que foram escolhidos como bodes expiatórios. A melhor defesa contra a sujeira também é o ataque à sujeira alheia, e parecer limpo em certos assuntos tem mais vantagens do que ser limpo de verdade.

O chavão que reza que "o poder corrompe" tem relação com isso. Ele tem sido espalhado como o fundamento axiomático da política transformada em tabu. O imperativo que está por trás dessa ideia de que o poder corrompe é de que aquele que toca o que está corrompido se torna corrupto. Por isso o "temor de contato", que obriga a ficar de longe. Isso, como sustenta Freud, precisa ser mantido no inconsciente. Freud, aliás, sustenta que é no inconsciente que o imperativo categórico de Kant tem sua base. Em termos simples, é preciso reprimir, é preciso esquecer profundamente que sabemos como ele funciona. O temor de contato em relação à política pode se tornar obsessão e invadi-la na forma de um delírio antipolítico ou extremista, como temos visto no Brasil fascista.

68. Torpor mental e emocional

A ideologia é o sono dogmático criado no tempo em que discursos prontos e falta de questionamento são a regra. Meios de comunicação de massa, púlpitos, televisões, celulares demais para todo lado, educação e cultura de menos, e a ideologia como "consciência falsa", como mentira que se transforma em verdade, como grande ilusão, instaura-se como realidade e como verdade. As *fake news* são naturalizadas em nome do ódio. A desinformação é aceita.

Nesse momento a ideologia dominante é representada pela crença de que há um pai cruel e malvado que é, ao mesmo tempo, o salvador da pátria. Esse salvador não age com respeito e nem para proteger o povo. Ele é tão somente aquele que tem coragem de abater o inimigo. Há muito tempo que não se trata apenas de um pai capaz de caçar e matar bandidos que ameaçam seus filhos, mas de um pai que livraria a todos de tudo o que lhes perturba.

Não abateria os inimigos apenas, mas as ideias que esses inimigos representam. Esse pai seria um salvador da pátria bem imediato, porque resolve tudo simplesmente falando. Nunca fez nada como político. Fala, muito mal, por sinal, tendo virado piada desde cedo. Mas coloca em sua fala uma dose de violência que satisfaz os ouvintes. É um pai cruel e falastrão. Tanto que, além das piadas, muitos não acreditam no que ele diz e, mesmo assim, ou por isso mesmo, votam nele. Esse apoio à contradição poderia ser simples burrice, mas ela atingiu um grau além, ao qual demos o nome de "delírio". O pai pratica o ato mágico de falar por seus filhos e, ao mesmo tempo, autorizar por meio dessa fala que eles mesmos façam o que ele promete, dando-lhes a liberdade de um gozo antes proibido por leis fundamentais da civilização como é o "Não matarás". Um pai que fala e ao falar propõe a aniquilação e a morte, ao ocupar a posição da autoridade máxima, diz que todos podem fazê-lo. Mas aquilo que até agora é um poder, pode se tornar um dever, como foi na Alemanha nazista.

E esse pai que é capaz de aniquilar tudo pode ser justamente aquele que traga uma estranha paz. A paz dos infelizes, aquela que contempla alguém que já se sabe subjetivamente morto, aquela que só se pode alcançar na morte realizada. A paz de quando já não se existe mais, quando cessa o pavor de ser quem se é. Assim, lança-se ao outro uma ameaça, uma agressão, um assassinato, no qual se pode até estar incluso. Mas isso é o de menos. No transe, o indivíduo está livre de produzir uma vida autenticamente desenvolvida. Está livre de ter que olhar para a própria miséria subjetiva e, muitas vezes, também objetiva. Vingando-se do outro, vinga-se da própria existência vivida na base do ressentimento. A vida aniquilada do outro, tratada como a vida que não importa, apenas reproduz uma vida subjetiva, própria, que igualmente não importa.

Por estranho que possa parecer, para quem está profundamente doente das emoções, a promessa da morte funciona bem. Ela age contra angústias imensas trazidas pelo desejo insuportável. Melhor não desejar e, antes que a vida siga, acabar com tudo o que se puder acabar.

69. Vingança

Hoje, quem sofre humanamente é aquele que acredita na democracia. Os demais vivem em transe hipnótico, anestesiados como se fossem bárbaros em guerra, prontos para a matança, incitados por um pai cruel. Sua inabilidade, seu delírio, sua inconsistência, sua torpeza não devem ser percebidos, deve-se evitar compará-lo a outros pais. O pai da horda de assassinos reais ou potenciais deve permanecer sagrado, mítico, intangível para que, por meio dele, se alcance o seu objetivo. Ao mesmo tempo, esse pai, líder, é um objeto do narcisismo coletivo. Adorno tem palavras sobre isso que nos levam a pensar. Ao falar "da imagem do líder com uma ampliação do sujeito", ele nos diz: "Ao fazer do líder seu ideal, o sujeito ama a si mesmo, por assim dizer, mas se livra das manchas de frustração e descontentamento que estragam a imagem que tem de seu próprio eu empírico. Esse padrão de identificação por idealização, caricatura da solidariedade verdadeira, consciente, é, porém, um padrão coletivo."[36]

Para isso, para sua sacralização, serve algo como um atentado. Especula-se sobre a doença, a saúde, o ferimento, e há quem até duvide da veracidade do atentado a Jair Bolsonaro, mas é um fato que ele se sacralizou ainda mais a partir daquele evento. Depois de vitimizado, ele não deveria mais aparecer no mundo humano, senão em raras circunstâncias epifânicas. No Sul do país, Lula, preso injustamente, produz o mesmo efeito. Vitimizado ele é ainda mais amado, pois o sentimento da injustiça, bem como o enfraquecimento da vítima, despertam sentimentos de identificação. Mas Lula não era um pai cruel. Era feminino demais, amoroso demais e, por isso mesmo, odiado, além de tudo, por representar a paz e o amor em oposição à guerra e ao ódio bolsonaristas.

Não se deve perceber que, ao mesmo tempo, o grande pai cruel não se responsabiliza pela violência que estimula, como convém a um cínico. Não se deve perceber que é um cínico, pois deixaria de ser um grande pai cruel e tornar-se-ia apenas um frouxo.

A questão acerca do desejo de quem vota contra uma sociedade de direitos, e até mesmo contra os próprios direitos, pode ser analisada à luz do inconsciente atuando nesse momento. Há um princípio de morte no ar. Esse princípio é o da destruição, do medo, do abandono, do ressentimento, do ódio e da vingança. A imagem do pai cruel é apenas a do sujeito que autoriza tudo isso.

Por isso, o que há de mais importante nesse momento é tentar não cair em transe. E, do mesmo modo, acordar aqueles que estão mergulhados no transe hipnótico com muito cuidado. Ao acordarem sem saber o que fazem, sonâmbulos, podem entrar em panico.

A atitude que a nossa ética democrática nos pede neste momento é que estejamos prontos para ampará-los. Mas só poderemos fazer isso se estivermos vivos. E essa é a questão mais dura que recai sobre os que permanecem em vigília.

70. Hipnose coletiva: o mal radical

Não há unidade na luta. Há divisão. A polarização pura e simples como vivemos no Brasil precisa ser superada na aceitação de uma sociedade multipolar de direitos assegurados. Devemos construir essa sociedade hoje, contra a unidade fascista.

Nesse momento, a polarização entre "esquerda" e "direita" sobre a qual muitos falam, tornou-se secundária perto da oposição entre os que sabem o valor da democracia e os que não a valorizam.

Um amplo espectro que vai da esquerda à direita, passando por um centro amplo e variado, se posiciona pela democracia, enquanto uma parcela da população desdenha dela. De um lado, estão os "autoritários de raiz", digamos assim, por pertencerem às elites econômicas. Junto a esses, aqueles que por muitos motivos querem se aproximar dessas elites, mesmo que seja por imitação de suas ideias e discursos. Há também aqueles que se sentem desdenhados pela democracia e, de algum modo, pretendem se vingar dela. É por isso que muitos votam como piada, como acinte, como deboche. São os mesmos que dizem que querem "ver o circo pegar fogo". Há nesses grupos quem não imagine que possa ser queimado juntamente com o fogo que estimula. Ou, mesmo sabendo, já não se importe, tomado que está de uma perspectiva delirante. Mas há também quem, mesmo sabendo que pode ser aniquilado, entrega-se a uma perspectiva niilista.

Aqueles que, acreditando ter o monopólio da violência, pregam violência, e que, no limite, mesmo sendo vítimas da violência que pregam, não se importam em continuar a pregá-la. O discurso da incitação à violência é o mal radical do momento que se mistura ao mal banal, aquele tipo de mal praticável por qualquer um. Viola-se um mandamento religioso e cultural que é o "não matarás" com imensa tranquilidade.

O discurso de ódio evolui para a incitação à matança. Pelo WhatsApp, uma rede social de viés subterrâneo, que funciona em uma lógica de segredo, circulam há algum tempo estímulos para que se formem grupos de extermínio, para que as pessoas partam para a rua com as armas que tiverem à mão. Na ausência de armas de fogo, barras e facas. O discurso da incitação explícita à violência está longe de se mostrar como um mal menor em nome de um bem maior. É o puro gozo da aniquilação do outro o que está sendo conclamado. A retórica dos niilistas é a da simples liberação e incitação da ação violenta.

A grande polarização do momento está, portanto, entre o consciente e o inconsciente. Entre aqueles que se mantêm despertos e aqueles que estão mergulhados no pesadelo, gozando com ele. O sujeito do delírio surge nesse limiar. Situado entre o sonho e a vigília. É nesse limiar que as pessoas alucinam ou simplesmente vivem crenças paranoicas, aquelas que não admitem a presença de perspectivas diferentes. Que o voto tenha um papel importante nesse delírio, que ele possa aniquilar a presença da diferença, é o que se promete neste momento e, junto, é a própria autoaniquilação de quem sonha com a aniquilação do outro o que está em jogo.

Podemos nos perguntar se, caso estivessem conscientes, esses indivíduos agiriam do mesmo modo. Um sonâmbulo colocaria o pé no abismo se estivesse consciente do seu ato? Talvez. Se, estando louco, precisasse provar que acima de tudo não está louco. O delírio é, portanto, mais grave; não basta mostrar que se trata de um delírio. A psicologia das massas está sendo usada pelos malfeitores, que já sabem como se proteger das perguntas difíceis que expõem suas contradições.

71. Debates

O espetáculo da sujeira política eram os debates. No primeiro ao qual compareci, eu me senti muito mal, até porque muitas pessoas ficaram decepcionadas comigo. Eu, que nunca tinha estado na frente daqueles homens, que nunca tinha prestado atenção neles, que também tinha muito preconceito contra alguns, cada vez mais confirmado, pensei que poderia ficar por ali observando, sem precisar aparecer demais. Mas eu estava errada. Ali, direita e esquerda, todos eram um bando de "velhacos", segundo a definição de Lula. O melhor deles era um canastrão com frases feitas decoradas. Os demais, mentirosos e farsantes. Eu me senti muito mal. Pensei muito no que era capaz de fazer pelo meu povo. Mas preferia que não precisássemos disso.

Que eu não precisasse estar ali. Que eu não precisasse ser a alegoria da outra política que eu gostaria de mostrar.

E os atos falhos que provam o lugar do discurso contra a corrupção não cessam de demonstrar as contradições do próprio mecanismo. Durante a campanha, lembro-me de como as pessoas comentavam positivamente sobre os candidatos que não diziam nada de mau em relação a seus opositores. Na verdade, as pessoas já se acostumaram aos debates políticos como debates sujos. Em que sujos e esfarrapados se digladiam. Ao mesmo tempo, sonham com propostas, que servem, na verdade, de alento ou de descanso linguístico, a ideia de que a guerra teve uma trégua e de que o jogo continua sem que os adversários, na arena, venham a se matar tão cedo. Os debates são uma guerra fria, e o apresentador de televisão é o soberano que, com o dedo sempre pronto, define a hora da morte de quem perdeu a arma ao perder o microfone.

Nesse meio-tempo, muitas pessoas continuavam defendendo que eu não falasse mal dos adversários, enquanto outras diziam o contrário. Que eu não entraria na guerra se não soubesse falar contra. Então estudei os adversários com o mesmo cuidado com que estudei aspectos técnicos do estado que eu iria governar. Eram cidadãos que, se fossem conhecidos do povo, jamais seriam eleitos. As pessoas votam em máscaras. Votam em golens.

Eu, que nunca gostei de brigar com ninguém, que vivi a analisar, que sempre detestei atacar ou me defender, entrei em algumas brigas. Também eu senti alguma raiva de que pessoas tão enganadoras fossem tão queridas pela população por elas vitimada. As pessoas votavam nos mesmos políticos que estavam na origem de todos os problemas sociais e econômicos da sociedade fluminense. Depois, treinei um pouco e fui um pouco menos boba nos debates seguintes, embora continuasse sem paciência para o estereótipo, a fala pronta, os narizes de cera, como fazem jogadores de futebol em entrevistas patéticas. Os debates me fizeram experimentar o tempo como dinheiro, uma profunda conspurcação dos discursos. O tempo medido fazia pensar que o discurso de um político é algo indesejável. E, no entanto, eu queria falar de filosofia, eu queria ter tempo. Eu queria que a política pudesse ser um tema filosófico.

No primeiro debate, fui cumprimentada por meus adversários. Tentei fugir de todos nos debates seguintes. Eram pessoas por demais abjetas por suas posturas. Um dia, um companheiro muito próximo estava rindo das minhas fugas. Eu levei a sério e disse a ele que eu estava tentando ser a melhor candidata possível, mas que havia esse limite. Eu não agiria com aqueles cidadãos, ou com quase todos eles, na linha da cordialidade, pois não se tratava nem disso.

O PT foi um partido muito maltratado pela questão da corrupção. O chamado "Mensalão" foi uma farsa que eu mesma demorei a entender como tal. O PT passou a ser o pior de todos os partidos para muita gente, apenas porque, em seu impulso inicial, era o partido mais ético, e profundamente ético, relativamente a qualquer outro. O PT prometia uma mudança social profunda, de paradigma. E pagou por seus erros, mínimos perto de tantos outros, mas gigantescos para ele mesmo. O antipetismo cresceu aí e também por meio de uma esquerda divisionista. Eu mesma fui filiada a esse tipo de esquerda até ter acordado, em 2016, quando do golpe. Mas uma cena me fez entender a raiva que as pessoas têm do PT. E eu quase tive raiva do PSOL. E teria tido se não tivesse a experiência com a raiva do PT, que no meu passado eu também senti. Fiquei estarrecida quando vi, depois do primeiro debate, o candidato de esquerda com maior intenção de voto abraçar e pedir desculpas ao candidato de direita que teria sido citado como "Nervosinho" na lista da Odebrecht e recebido R$ 15 milhões de propina. Em suas desculpas, as mais sinceras, o candidato de esquerda dizia que, afinal, podia ter exagerado, mas que no momento as coisas são ditas dessa maneira. Eu nunca imaginaria tanto amor.

72. Inacreditabilidade

Que lugar proibido era esse ao qual eu tinha chegado? Seria por isso que muitos me perguntavam se eu me candidataria de novo muito antes de saber se eu seria eleita ou não? Se eu ficaria no partido depois da candidatura? Detectei o clima de "inacreditabilidade" da minha candidatura bem cedo. De um lado, porque as pessoas se acostumaram com a política como um território sitiado. Todo político é visto como um dono do campo, um especialista, um rei, um chefe. A política não é ela mesma vista como um espaço da função pública, como algo realmente republicano e democrático. Muito menos como espaço para mulheres. Somos logo tratadas como loucas, incompetentes, ingênuas.

Eu e a inacreditabilidade formamos um par durante toda a campanha. Junto de nós, um alto nível de desconhecimento das massas em relação a mim, e mais ao fundo, a observar nem sempre em silêncio, aqueles que interpretavam a minha presença como a de uma intrusa. "Por que você?", me perguntavam. "Por que não fulano? Por que não beltrano?" Nunca ninguém sugeriu outra mulher no meu lugar. As pessoas votam semiologicamente, a partir de um pensamento por imagens, e associam imagens conhecidas a esses espaços a serem ocupados.

Havia quem acreditasse que o tempo de televisão seria o suficiente para me tornar mais conhecida. E que, me tornando conhecida, sendo eu a novidade, a eleição estaria ganha. Andando por aí em panfletagens e outras atividades de campanha, descobri que não era eu a única desconhecida. Desconhecia-se não apenas a escritora, a professora, algo mais popular em certa medida, mas a própria figura da candidata a governadora era desconhecida. O fato de eu ser a única mulher que aparecia na televisão e nos debates, em vez de soar como uma novidade e uma diferença relevante, era encarado com estranhamento, como um exotismo. Era diferença demais. Quem sabe, uma novidade tão grande que tenha se tornado indigerível. Mesmo as pessoas mais simpáticas na rua constantemente me perguntavam o meu número e, quando eu dizia 13, perguntavam pelo complemento. Afinal, o número dos deputados federais e estaduais era composto por mais dígitos. Afinal, uma deputada seria admissível, não uma governadora. Era também muito comum encontrar pessoas que não tinham a menor noção do que estava acontecendo em termos de política. Que não faziam ideia de quem seriam os candidatos. Outras que não queriam nem sequer conversar sobre o assunto, e quando sabiam que eu era candidata viravam a cara e até me agrediam.

Ninguém é obrigado a saber tudo, mas é realmente uma pena que política tenha se tornado algo tão desinteressante, algo pavoroso para as pessoas. Os donos do negócio se riem dessas pobres almas honestas enquanto perpetuam o próprio poder-capital.

73. Ética

Falar mal da política se tornou regra nesse contexto. O ódio à política é bom para os poderosos, temos que ter consciência disso. De um lado, esse "falar mal" revela uma verdade: de fato, a política vai muito mal, mas por obra de uma relação que desenvolvemos com ela. Do outro, é o próprio discurso que faz mal e, além disso, por ser irreflexivo, repetitivo e servir a um único objetivo, apenas nos leva de mal a pior. O objetivo do discurso "antipolítico" (que é político ao contrário) é que a política se torne o próprio mal no imaginário popular. E, se a política é vista como um mal, as pessoas que ainda estimam sentimentos éticos e morais pensarão que é melhor não chegar perto dela.

Isso acontece com pessoas das mais variadas classes sociais, escolaridades e religiões. Mas há também muitas pessoas nesses mesmos cenários que continuam sabendo que a política é decisiva, que, se ela vai mal, toda a sociedade vai mal. No senso comum o discurso de ódio e aversão à política se tornou hegemônico, objeto de uso banalizado da maioria, que não sabe o que diz. A importância de falar sem ter nada de bom a dizer continua valendo tanto para eleitores quanto para eleitos, e isso não vai mudar de uma hora para a outra. A fala vazia e o discurso de ódio se tornaram o maior capital político de todos os tempos. Políticos que associam o vazio ao ódio têm vencido todas as disputas, têm disparado em intenção de voto em todos os pleitos.

Os discursos deprimentes sobre a política, aqueles que servem para rebaixar o objeto e, assim, conquistar uma vitória para os que se sentem seus donos precisam ser analisados e desconstruídos.

Tenho certeza de que os discursos sobre política comprados e vendidos no âmbito do senso comum, seja no mundo da vida, seja no mundo das redes, servem apenas para afastar as pessoas da política. Quem permanece nela? Aqueles que têm algum interesse, dirá o senso comum. De fato, há pessoas que acreditam que no mundo da política são todos corruptos e ladrões e que se envolvem com política para roubar para si. É claro que devemos questionar o sentido dos interesses, afinal, a sociedade toda deveria se interessar por política. Somos seres feitos de interesses, mas deveríamos tratar com honestidade interesses privados e públicos.

Isso quer dizer que nenhum discurso é livre de interesse. O meu, neste momento, tem um objetivo: melhorar a relação das pessoas com a política. A vida seria melhor para todos se isso acontecesse. Mas não há como melhorar a relação com a política sem que se melhore a relação com a educação, com a cultura, com os meios de comunicação, tudo aquilo que constrói a subjetividade. Esse terreno é o da ética, que jamais deveria ter sido abandonado pela política. O campo da reflexão sobre o que se faz e o que nos tornamos como pessoas e como sociedade.

Reunir política e ética parece uma operação cada vez mais impossível. E é esse impossível que devemos enfrentar antes que continuemos presos a jogos de poder e reduzindo a vida da política a um distúrbio.

74. Linguagem é poder e poder é linguagem

Antes de serem puros e simples atos de comunicação, todos os atos da linguagem são atos de poder. O poder também é um ato de linguagem. Em um sentido puramente conceitual, poder é uma potencialidade dos corpos humanos. Poder é da ordem de algo que se exerce em relação ao que existe. Podemos dizer que ele é a ação de um corpo sobre outro corpo que se transforma por meio dos atos que produz ou que sofre. A essa ação podemos dar o nome de linguagem. Nesse sentido inicial e primeiro, o poder existe pura e simplesmente porque somos seres de relação, e todas as relações implicam forças de natureza física, justamente porque somos corpos presentes, ou seja, estamos todos em estado de presença neste mundo. Essa presença é a materialidade bruta sem a qual não há linguagem. A linguagem é como que um esforço da matéria de ir além dela mesma.

A presença hoje se tornou algo tanto menos concreto quanto mais virtual, mas mesmo assim ainda implica os corpos e suas ações. A presença é o estar, mas é também o aparecer, ele mesmo um direito, a saber, o de estar em um lugar qualquer diante de outros, junto com outros, nas ruas, nas instituições, nos espaços públicos em geral. O direito de aparecer é um direito relacionado à liberdade individual que experimentamos em atos simples, tais como andar pela rua, sentar no banco de uma praça, ir ao cinema, entrar em uma igreja ou em um elevador. A questão da presença na internet também se relaciona a um direito de aparecer. Infelizmente, o que seria um simples direito em uma sociedade democrática torna-se apenas mercadoria em uma sociedade de mercado.

Ao mesmo tempo, o mundo que partilhamos hoje é povoado de imagens, há imagens presentes por todos os lados (importante aqui pensar no que significa esse estado de presença dos corpos e das imagens no mundo). E só por isso elas também exercem poder sobre os corpos que todos somos.

Em nosso senso comum — esse conjunto de teorias populares que usamos no cotidiano —, "poder" é um conceito reduzido à lógica binária maniqueísta, na qual ele é considerado algo bom ou mau. Em um sentido conceitual, poder não é nem uma coisa nem outra. A concentração ou a escassez, seu excesso ou sua falta é que tornam o poder problemático. Imaginemos alguém que não pode nada, ou alguém que tudo pode, e teremos clara a importância de um equilíbrio dos poderes existentes.

Podemos usar "sujeito" para designar aquele que age sobre algo, e "objeto" para designar aquilo ou até mesmo aquele sobre o que ou sobre quem se age. A relação entre dois sujeitos que não são reduzidos a objetos define o mais rico dos experimentos da linguagem, o diálogo. Ele só acontece no momento em que conseguimos sustentar a condição de sujeitos. Em contextos nos quais um reduz o outro a objeto, a condição de possibilidade do diálogo está aniquilada. Reduzimos as pessoas a objetos todas as vezes que as usamos como meios e não como fins.

Como algo próprio dos corpos que entram em relação uns com os outros, o poder é inerente às relações. E apenas por isso ele pode se organizar como uma espécie de jogo regido por regras. O jogo é algo que não se joga sozinho e implica a compreensão das regras. Mas também a possibilidade de usá-las seja em benefício próprio, seja em benefício do coletivo. Damos o nome de "poder político" àquele que se exerce sobre corpos ou entre corpos atravessados por instituições. Todos os corpos são atravessados por elas em muitos momentos, e é muito difícil descobrir um instante em que os corpos estejam livres do poder político e totalmente lançados na pura relação. Em uma espécie de vida primitiva da linguagem, ou pura vida da linguagem.

O poder político implica uma consciência de regras do jogo do poder. Textos como a Constituição, por exemplo, são como que a regra básica de um jogo democrático. O Estado de exceção no qual estamos vivendo no Brasil atual, por exemplo, implica que as regras anteriormente acordadas foram burladas ou alteradas por um grupo ou indivíduo. Na anulação das regras, o jogo é aniquilado. Ninguém mais pode jogar. A democracia, como um jogo possível com regras que envolvem a todos, é interrompida. Resta aos que podem, o mando, e aos outros, a obediência.

O que se pode chamar de "jogo de poder" é estratégia de poder em seu sentido político. Todo jogo de poder é, na verdade, um jogo de linguagem. Há jogos de linguagem sem jogos de poder, mas não há jogo de poder sem linguagem.

A linguagem preferida do jogo de poder político em seu estado deturpado é a da dominação e da violência. O poder político — aquele que se exerce juntamente com outro, ou contra os outros com a consciência do seu efeito — é como uma engrenagem, como um dispositivo, é como um organismo que funciona para fazer sobreviver a si mesmo. Como as pessoas se relacionam com esse poder é uma pergunta que deve ser respondida por cada um.

Ninguém na sociedade humana, que é uma sociedade política, vive fora de relações de poder. Justamente porque não pode viver fora da linguagem. O poder político que não interessa a todos a todos afeta e, na sua forma deturpada, depende justamente desse desinteresse da maioria para manter-se como é. A pergunta que nos toca, neste momento, é: podemos jogar esse jogo? Ou devemos simplesmente deixar que aqueles que se colocam como donos do poder sintam-se tranquilos, sem mais adversários que decidam jogar o jogo da democracia?

75. Corrupção e estratégias do terrorismo imbecilizatório

A mística da corrupção fez escola, a palavra começou a valer como signo mágico. Falando contra a corrupção, as pessoas começaram a achar que entendiam de política pela simples condenação do ato. É claro que não se pode fazer uma defesa dos atos de corrupção, mas não se pode também sustentar sua mistificação. No entanto, a compreensão da palavra "corrupção" deveria ser aprofundada.

Comecei a usar a palavra "conspurcação", uma palavra estranha, menos comum, aproveitando seu significado, mas também sua estranheza, para refletir sobre a corrupção em um nível ainda mais profundo. "Conspurcar" significa poluir e manchar. Podemos dizer que vivemos em uma sociedade conspurcada, em tempos de deterioração do valor das coisas em nome de um valor único, o do próprio capital. A democracia, o voto, a Constituição e qualquer lei, os direitos, os discursos, a inteligência, a imagem de pessoas, a verdade, tudo é conspurcado, ou seja, vilipendiado, rebaixado e transformado em coisa sem valor. O verdadeiro tsunami de *fake news*, que brotam em nossa cultura com endereço de origem e destino, é sintoma da conspurcação generalizada da vida política, a vida das relações humanas.

No campo retórico, a conspurcação é uma verdadeira estratégia. Não é à toa que guerrilhas altamente fascistizadas usem em profusão, sobretudo nas redes sociais, a palavra "lixo" aplicada a pessoas e a visões de mundo. Todas as que representam a democracia neste momento histórico sofrem conspurcações. Qualquer um que a represente será, mais cedo ou mais tarde, marcado pela lógica do vilipêndio, pela mancha pura e simples.

No capitalismo, investe-se na conspurcação como um gozo. Ninguém é convencido a fazer algo ruim sem ganhar nada em troca, pois conspurcar dá trabalho. Mas os escravos digitais trabalham de graça. Mesmo assim, a indústria do ódio — associada à produção de desinformação, da mesma forma como a guerra às drogas e a venda de armas — dá muito dinheiro para algumas pessoas há muito tempo. A compensação afetiva é o de menos, e comove apenas os otários do sistema, incapazes de emoções melhores na economia política dos afetos. Por trás de todo discurso de ódio, há um aproveitador, mas não é incomum encontrar um cidadão carente, precisando de um "*like*" para adquirir um caríssimo direito de existir.

Na era do desemprego em massa, efeito do capitalismo improdutivo, há quem faça da conspurcação um bico ou um empreendimento. Empresas especialistas em destruir a reputação alheia, em produzir *fake news*, em manipular imagens e notícias são a inovação radical no mundo empresarial. É a nova geração de empregos no mundo fascista, que, bem trabalhado, não deixará mundo para ninguém. O operário padrão da mídia digital é como o velho Eichmann, que apenas recebia ordens sem saber que praticava a banalidade do mal. E que destruía a si mesmo, mas, como fascista em estado radical, não parecia se importar com isso. Tinha cumprido a sua tarefa.

No meio disso tudo, é fundamental que o ódio que serve à conspurcação no âmbito das guerrilhas fascistoides pareça natural. Todo o esforço dos meios de produção do discurso de nossa época (meios de comunicação de massa, religiosos e políticos) reside em não deixar aparecer o caráter inventado e manipulado do ódio. É preciso vender esse produto bem embalado da indústria cultural da política de nossa época, como se ele fosse simplesmente parte da natureza. O amor certamente não renderia tanto.

76. Lula, Dilma e eu na prisão

Deixei esta parte das crônicas para ser contada agora, no fim do livro. Se o livro tivesse tratado apenas da "doença", eu poderia dizer que esse momento foi de cura.

Algumas coisas que vivemos parecem sonhos. Outras se assemelham demais a pesadelos. No dia do incrível atentado a Jair Bolsonaro, eu estava em Curitiba. Era minha vez de visitar Lula. Dilma dividiria a visita comigo. Meia hora para ela, meia hora para mim. Perplexa com alguns acontecimentos, eu queria contar a ele sobre minha campanha e sobre o que acontecia no Rio de Janeiro. Naquela época, a minha esperança era de que, por pressão popular, ele viesse a sair da prisão injusta, caso o PT vencesse a eleição. Fiquei tão impactada com o que vi que me esqueci de contar a ele que, na televisão da sala do delegado que nos recebeu, aparecia Jair Bolsonaro levando uma facada. Naquele momento, lembro que não se levou muito a sério o acontecido, como se tivesse sido um ferimento superficial. Não importa.

Fiquei esperando Dilma Rousseff sair para que eu entrasse, mas o carcereiro, um sujeito muito suave e simpático, me levou até a cela onde Lula conversava com Dilma. Um pouco antes da porta de entrada da cela, havia dois guardas jovens e também simpáticos. Eu entrei sem prestar atenção em muitos detalhes, o que atribuo à ansiedade inevitável ao momento. Ninguém revistou minha bolsa, meus bolsos. Ninguém me perguntou nada. O clima era completamente normal, embora não fosse. Desde que li *Memórias do cárcere*, penso em Lula na prisão. O que ele virá a nos dizer sobre ela? Graciliano conta a sua viagem até a prisão, depois os vários estágios, os muitos personagens, as mazelas, as agruras, as desgraças, a fome, a doença, os cigarros, as misérias e mortes, as humilhações, a solidariedade. O que teria

Lula para contar, recebendo apenas a visita de advogados e familiares, isolado assepticamente por juízes que poderiam ser acusados de não honrar a Constituição?

Quando entrei, os dois estavam sentados à mesa. Uma pequena mesa, acho que havia quatro cadeiras, não mais que isso. Os olhos de ambos denunciavam emoções logo silenciadas com a minha chegada. Disfarçaram abraçando-me. Eu fiquei quieta, escutando o que eles diziam um para o outro naquela despedida. Eles se abraçaram muito. E riram, porque são bem-humorados. Dizem que Dilma Rousseff se tornou uma pessoa diferente depois do golpe. Eu a conheci assim, forte e engraçada, enfadada com o mundo e divertindo-se como pode. Desde que não precisa mais performatizar ser presidenta diante de seus algozes, que não foram poucos, ela realmente deve se sentir de algum modo livre. Livre da imbecilidade do Congresso, da sua maldade, da canalhice. Tomada por um desejo fortíssimo de que Lula fosse solto, por um milagre que fosse, não decorei o que eles diziam um ao outro.

Lembro que ele pediu que ela se elegesse, como se dependesse dela (naquela época as pesquisas indicavam que ela seria eleita). Na minha fé, imaginei que logo aquele encontro se repetiria. Hoje, aqui fora, meses depois, a democracia destruída, Lula ainda preso enquanto escrevo este livro, penso no caráter único daquele momento. O ex-presidente, preso injustamente por pessoas que tomaram o poder a qualquer custo, a presidenta deposta que se dispõe a lutar por uma vaga no Senado. Eu pensava na coragem dessa pessoa a quem já defendi tanto e nos preços que pagamos por atuar contra a injustiça. Ela então se retira. O presidente a leva até a porta. Eu vasculho com o olhar a pequena cela, catalogando os livros, as xícaras, o pequeno banheiro, a esteira, uma cama de solteiro, os biscoitos de polvilho esfarelando sobre a mesa. Ele retorna à cadeira que fica de frente para a porta, nessa posição que logo percebo ser de um eterno alerta. Então me olha e diz: "Marcia, você não vai acreditar, Dilma chorou."

Eu acho graça da graça que ele viu no acontecimento. Dilma chorou. Não me espanto. Penso nesse presidente tão feminino, com os olhos cheios d'água, como uma criança, alegre com o que tem pela frente, com "a eterna novidade do mundo", como naquele verso de Alberto Caeiro. Então sinto muita pena do meu país.

Por mais que Lula seja também um cidadão como outro qualquer — o que se diz para não se perder de vista a condição humana do líder —, a prisão que não o permitiu concorrer à eleição presidencial, as diversas grandes injustiças e pequenas humilhações cometidas contra ele nos fazem saber que ele está, assim como o Brasil, nas mãos de canalhas.

E se são canalhas, como já têm deixado claro, não temos o que fazer. Quando Lacan afirma que não se pode fazer análise com canalhas, ele o afirma por considerar que são burros. Certamente os broncos, agentes da barbárie, corruptos que se ocultam tentando mistificar uma corrupção alheia, nunca iriam buscar se tratar. Mas há um detalhe que precisa entrar no cálculo dos canalhas desse processo: neles a burrice se encontrou com a maldade. E é a esse encontro bombástico entre burrice e maldade que podemos dar o conhecido nome de fascismo.

77. Livros para colorir

A manipulação da informação é a forma básica da corrupção midiática que tomou conta do todo da vida e também da vida política em uma escala nunca antes vista. A indústria das *fake news* que surgiram nos últimos tempos é também efeito da desregulamentação dos meios de comunicação, que, em um país de instituições frágeis como o Brasil, seguirá fazendo seu caminho cada vez mais perverso.

A incomunicabilidade que nos parecia natural, efeito de nossas limitações humanas, tornou-se objeto de uma indústria: a da desinformação. Daqui para a frente, nada mais será como antes. A verdade da guerra híbrida veio à tona, e jogar limpo não fará mais sentido quando se trata de vencer uma eleição. Sabemos, no entanto, que a vida política é apenas um espelho distorcido da vida real, assim como a vida digital é espelho da vida analógica. Fernando Haddad, por exemplo, jogou limpo e perdeu as eleições de 2108, enquanto se mentia sobre ele de um modo metodologicamente canalha. E por mais que tudo isso seja evidente, não há o que fazer, porque a nova lógica da política vencedora é a do cinismo. A verdade já não importa, e a justiça desmoronou.

Votar deixou de ser um ato particular, uma simples escolha pessoal. Talvez nunca tenha sido em uma escala social, mas é um fato que os meios tecnológicos mudaram completamente a chance de fazer escolhas em todos os níveis. O que realmente escolhemos quando a vida se submete a parâmetros publicitários controlados por tecnologias que suplantam as capacidades de nosso corpo? Os atos políticos, inclusive o voto, que é aquele que legitima a escolha previamente dada, são atos digitais de uma mentalidade que se tornou ela mesma digital.

Por "mentalidade digital" quero definir aquela que produz o ato digital. O agir na base do que a internet possibilita. Desde comprar uma cafeteira que chegará pelo correio até confirmar o comparecimento em um evento pelo Facebook ao qual não se irá. O ato digital não é simplesmente aquele que se faz com mais rapidez ou funcionalidade. Mas também aquele que, de certo modo, se faz não se fazendo. Aquele que implica uma irresponsabilidade de fundo. Quando somos amigos de Facebook, é como se não fôssemos exatamente amigos (e de fato, não somos); quando falamos com alguém, esse falar não tem a mesma densidade, tanto que, quando criticamos ou até xingamos alguém é como se não tivéssemos feito nada.

O WhatsApp é uma espécie de *deep web* ao alcance de todos. Tanto que cada pessoa aumentou consideravelmente o seu círculo de contatos depois de passar a participar de grupos. O WhatsApp não é apenas uma rede social para trocar rapidamente informações urgentes; ele impede a interação e a elaboração de ideias. Funciona por meio da informação instantânea. É uma rede iconográfica. Em que a mensagem se assume como imagem. Por isso os *cards*, que chamamos de "memes", fazem sucesso.

Mas a questão dos memes é séria. Eu já disse outras vezes que o problema dos meios é que esquecemos que eles são meios. Qualquer meio de comunicação é introjetado, como é introjetada qualquer linguagem. Os "memes" oferecem uma espécie de *sticker* para o pensamento. O cidadão recebe um esquema pronto. Como nos livros para colorir. O dispositivo é introjetado. As pessoas aprendem a preencher o espaço em branco dentro de um contorno, tal como aprenderam antes no Twitter, com seus limites de caracteres; tal como no Facebook, que também oferece as formas prontas a serem preenchidas. O Currículo Lattes é um igualmente válido. Do mesmo modo que uma oração na igreja a ser repetida mil vezes. Ela também é uma forma de pensar.

É, portanto, a forma de pensar que está sendo atingida. Todos os meios de comunicação são introjetados, aprendemos a pensar e a falar a partir de *frames*, de fórmulas, de aplicativos. No ato digital, o dedo não passa de uma alavanca orgânica que aciona algo previamente definido. Os corpos estão tomados. O voto que podemos tentar interpretar é apenas a ponta do iceberg da totalidade do corpo humano dominado e subjugado. O terreno para o plantio de todo tipo de pensamento torpe, de todo tipo de mentira, está pronto para as sementes do mal.

Comecei este livro falando do poder. Falando de algo sobre o que as pessoas não falam. É o poder que está em jogo na vida política, e sobre ele se silencia. Ele é um segredo que poderia acabar com toda a mística dos jogos políticos, que são jogos de poder desconhecidos das pessoas comuns e dos quais elas devem ser afastadas para que os mesmos de sempre continuem a se aproveitar deles.

Foi percebendo que "poder" era uma palavra sempre evitada que comecei a escrever este livro. Em um jogo, o poder é como uma bola invisível, que deve sempre permanecer oculta, como um obscuro objeto de desejo. Observando as formas pelas quais as pessoas eram afetadas e contaminadas por algo cujo nome não podiam falar, o poder ilimitado e delirante é certamente o espírito da política espectral de nossa época.

A democracia tem algo que escapa ao poder, justamente o povo que o poder gostaria de controlar. É por uma política para além do poder que se trata de lutar, e de maneira urgente. Reduzido à massa, o povo dorme seu sono dogmático sem ter chegado ao ponto do pesadelo que o fará gritar e descobrir que se deve acordar do pesadelo. Esse despertar implica uma travessia do espírito. E essa é uma tarefa à qual nos obriga a história.

Notas e referências bibliográficas

1. ADORNO, Theodor; FRENKEL-BRUNSWIK, Else; LEVINSON, Daniel J.; SANFORD, R. Nevitt. *The Authoritarian Personality (Studies in prejudice)*. Nova York: Harper & Brothers, 1950, p. 759.
2. SONTAG, Susan. *A doença como metáfora/Aids e suas metáforas*. São Paulo: Companhia de Bolso, 2007.
3. FREUD, Sigmund. *Notas psicanalíticas sobre um relato autobiográfico de um caso de paranoia (dementia paranoides)*. Obras completas, ESB. v. XII. Rio de Janeiro: Imago, 1996. Idem. *Observações psicanalíticas sobre um caso de paranoia relatado em autobiografia ("O caso Schreber"), artigos sobre técnica e outros textos (1911-1913)*. Obras completas, v. 10. São Paulo: Companhia das Letras, 2010.
4. Há na internet um artigo de Marco Antonio Coutinho Jorge que pode ajudar a compreender a diferença entre esses aspectos: "As quatro dimensões do despertar: sonho, fantasia, delírio, ilusão". *Ágora: Estudos em Teoria Psicanalítica*, Rio de Janeiro, v. VIII, n. 2, jul./dez. 2005, pp. 275-289. Disponível em <http://www.scielo.br/pdf/agora/v8n2/a08v8n2.pdf>.
5. SHOWALTER, Elaine. *Histórias histéricas. A histeria e a mídia moderna*. Rio de Janeiro: Rocco, 2004.
6. FREUD, Sigmund. *O delírio e os sonhos na Gradiva, Análise da fobia de um garoto de cinco anos e outros textos (1906-1909)*. Obras completas, v. 8. São Paulo: Companhia das Letras, 2015.

7. Achille Mbembe foi quem percebeu que *raça* e *negro* são formas de um delírio produzido pelo capitalismo. Cf. MBEMBE, Achille. *Crítica da razão negra*. Lisboa: Antígona, 2014.

8. KANT, Immanuel. *Crítica da razão pura*. Petrópolis: Vozes; Bragança Paulista: Editora Universitária São Francisco, 2015.

9. DUFOUR, Dany-Robert. *Le Délire Occidental, et ses effets actuels dans la vie quotidienne: travail, loisir, amour*. Paris: Les Liens qui Libèrent, 2014.

10. ADORNO, Theodor. *Minima Moralia*. Rio de Janeiro: Azougue, 2008.

11. A palavra em alemão seria *Trieb*, que não vou traduzir por "pulsão" como fazem os psicanalistas porque quero falar a língua de todo mundo. Por isso vou aproveitar esse "instinto", bem mais popular, embora mais animal e menos humano, que também combina mais com as metáforas animais de Nietzsche.

12. MBEMBE, Achille. Op. cit.

13. ANTUNES, Ricardo. *O privilégio da servidão*. São Paulo: Boitempo, 2018.

14. LA BOÉTIE, Éttiene de. *Discurso sobre a servidão voluntária*. São Paulo: Edipro, 2017.

15. Flusser, Vilém. *Filosofia da caixa preta*. São Paulo: É Realizações, 2018.

16. FREUD, Sigmund. Op. cit., 2015.

17. MOUFFE, Chantal. *Sobre o político*. São Paulo: WMF Martins Fontes, 2015.

18. MANDEVILLE, Bernard. *A fábula das abelhas: ou vícios privados, benefícios públicos*. São Paulo: Editora Unesp, 2017.

19. TÜRCKE, Christoph. *Sociedade excitada. Filosofia da sensação*. Campinas: Editora Unicamp, 2010.

20. Lembro aqui *O papel de parede amarelo*, de Charlotte Perkins Gilman. Rio de Janeiro: José Olympio, 2016, que apresenta justamente a questão do delírio.

21. MÉSZÁROS, István. *A educação para além do capital*. São Paulo: Boitempo, 2008.

22. FREUD, Sigmund. *Totem e tabu, Contribuição à história do movimento psicanalítico e outros textos (1912-1914). Obras completas*, v. 11. São Paulo: Companhia das Letras, 2012.

23. Sugiro ler os artigos e livros de Mauro Osório. Para quem preferir um resumo: <www.oglobo.globo.com/opiniao/marco-de-poder-no-estado--do-rio-de-janeiro-21200633>, ou algo mais aprofundado: <www.ie.ufrj.br/intranet/ie/userintranet/hpp/arquivos/especificidades_crise.pdf>.

24. Disponível, em inglês, em: <www.dominiopublico.gov.br/download/texto/gu001676.pdf>.

25. MOUFFE, Chantal. *Agonistics. Thinking the World Politically.* Londres/Nova York: Verso, 2013, p. XII.

26. ADORNO, Theodor. "Teoria freudiana e padrão da propaganda fascista". In _____. *Ensaios sobre psicologia social e psicanálise.* São Paulo: Editora Unesp, 2015.

27. CLAUSEWITZ, Carl von. *Da guerra.* São Paulo: WMF Martins Fontes, 2010.

28. FOUCAULT, Michel. *Em defesa da sociedade.* São Paulo: WMF Martins Fontes, 2002.

29. MONTAIGNE, Michel de. *Os ensaios: uma seleção.* São Paulo: Companhia das Letras, 2010.

30. FREUD, Sigmund. Op. cit., 2012.

31. CLASTRES, Pierre de. *A sociedade contra o Estado.* São Paulo: Cosac Naify, 2012.

32. Lacan, Jacques. *Seminário 7, Ética.* Rio de Janeiro: Jorge Zahar, 1988.

33. CASARA, Rubens. *Estado Pós-Democrático.* Rio de Janeiro: Civilização Brasileira, 2017.

34. FREUD, Sigmund. Op. cit., 2012.

35. FREUD, Sigmund. Op. cit., 2012, pp. 19-20. Grifo nosso.

36. ADORNO, Theodor. Op. cit., 2015.

A primeira edição deste livro foi finalizada em 14 de março de 2019, quando se completa um ano do assassinato sumário da vereadora Marielle Franco — mulher negra, mãe, integrante da comunidade LGBTQ, nascida na Favela da Maré, militante de movimentos sociais e de direitos humanos. A sociedade quer ouvir do Estado as respostas que faltam: Quem matou e quem mandou matar Marielle Franco?

Este livro foi composto na tipografia Minion Pro, em corpo 11/16, e impresso em papel off-white no Sistema Cameron da Divisão Gráfica da Distribuidora Record.